経済安全保障リスク

economic statecraft risk

米中対立が突き付けたビジネスの課題

平井宏治

育鵬社

まえがき

私は、製造業から転身し、1991年から30年間、インベストメント・バンキング（投資銀行業務）、とりわけM&Aや事業再生のビジネスに関わってきた。30年間、M&Aや事業再生の支援業務に従事してきた中には、中国企業がM&Aを利用して機微技術の移転を試みる現場に巻き込まれたこともある。こうした実体験が、私にジャーナリストや評論家とは違う目を持たせてくれた。

仕事柄、取引相手国の法律の内容を頭に入れておくことが必要なので、アメリカの法律事務所から送られてくる情報提供のメールにも目を通し、経済安全保障に関する海外の動きも知ることになる。私が3年前に今日の状況を予見できたのも、業務上の知識がきっかけだ。

2018年8月13日にアメリカでは「2019年度国防権限法」が成立し、中国とのビジネスについて、多くの規制を追加した。中国もこれに対抗して2020年12月から「輸出管理法」を施行し、中国でのビジネスや中国企業とのビジネスは大きく変わろうとしている。

正確に言えば、この10年で中国はこれまでの「改革開放路線」と決別し、大きく変質してしまったのだ。10年前と今とでは、中国における事業リスクは比較にならないほど高くなってきている。

だが、日本においてこのリスクを丁寧に説明した本は意外なほど少ない。今、日本に求められていることは、米中対立という国際環境の変化に適応し、生き残るための戦略を立てて実行することだ。

現に自民党は、米中対立が続くことを前提に、日本経済が生き残るための戦略を策定した。2020年12月、自由民主党の新国際秩序創造戦略本部（本部長・下村博文政調会長、座長・甘利明税制調査会長）は、「経済安全保障戦略策定に向けて」を政府に提言した。我が国の経済安全保障の方向に大きな影響を及ぼす重要な提言だ。提言内容をより深く理解するためには、アメリカと中国との対立の背景、特に中国とアメリカでビジネスを継続するに際して、どのような法律上、政治上の課題があるのか、できるだけ客観的に知ることが大切だ。

米中対立による日本の経済安全保障について、深く理解するために役立つ本が必要だと思っていたところ、評論家の江崎道朗氏から執筆を勧められ、筆を執ることを決意した。私自身の実体験にも触れた本書が、経済安全保障の理解を深め、新国際秩序創造戦略本部による提言書をより深く理解するのにお役に立てば、幸いである。

◉目　次

第3章　米中の法規制合戦が招くリスク

序章　日本の先端技術が中国の軍拡に利用されている

●技術の兵器転用を公言する中国人投資家

２０１０年頃のことである。私はある人物の誘いを受けて、中国へ行った。日本は当時、民主党政権だったが、円高で特に日本の輸出産業は壊滅状態であり、巨大な中国市場に活路を見出して中国へ進出しようという日本企業も多かった。

私はＭ＆Ａのコンサルティングをしているのだが、仕事柄、一度は中国を見ておきたいと思っていた。ただし、当時は万里の長城を見て帰ろうか、というくらいの気持ちだった。

北京に滞在すると迎えの車が来て、私はその日本人とともにどこかの高級住宅街に連れて行かれた。ある非常に立派なオフィスに到着すると、玄関には数人の中国人がいた。私が同行したその日本人が、相手の代表と思われる中国人にやたらとペコペコしていた。よほど偉い人なのだろう。

「今いた場所はどこなのですか？」

帰りの車の中で、私はその日本人に聞いた。

「中南海地区ですよ」

と彼は答えた。北京市のかつての紫禁城の西側に隣接し、中国共産党の本部があり、要人が居住してもいる高級地区である。

日本に帰ってきてしばらくすると、私の会社に得体の知れない中国人が訪問するようになった。ある中国人はやって来て開口一番、こう言った。

「日本で兵器に転用できる技術を持った電機メーカーはないか？」

どうやら中南海のオフィスに出入りした人間というので私を仲間だと思い、安心してやって来たのだろう。

「そんな会社はありませんよ」

とっさに私はそう答えた。

「ウチの会社は飲食に強いので、ラーメン屋のチェーン店なら良い売り物がありますけど」

「いやいや、そんなものには興味がない」

中国人はそう言って帰っていった。

この出来事に私はたいへんな衝撃を受けた。中国は、武器に転用できる技術を持つ日本の会社を買収しようとしているのだ、と思った。

その後もそういった中国人が何人かやって来た。そしてある日、一人の中国共産党員が訪ねてきて、こう言った。

「M&Aが決まったら紹介料を忘れるな。現金で手渡しでよこせ」

中国ではいかにアングラマネーが常識かというい例証である。

それから私は、「中国が軍民両用技術を探しに来ているから気をつけろ」という話をセミナーや講演会など、あちこちでするようにした。

すると、私の名前も少しずつ知られるようになり、中国人の足は遠のいていった。そこには、「ウチに売国M&Aを持ちかけても無駄だよ」とわからせる、という狙いもあったことはもちろんである。

2016年に日本経済新聞社からの取材を受けた時のことであるが、当時、ドイツの工作機械会社・KUKAが中国の家電メーカー・ミデアに買収されて話題になっていた。KUKAは、アメリカのステルス多用途戦闘機F-35の重要部品を請け負っている会社だった。買収によってアメリカの軍事機密が漏れるのではないかと懸念されていたにもかかわらず、ドイツのメルケル首相は許可してしまったのだ。

この騒ぎに関連して、私は中国による海外からの軍事技術の奪取についてその記者に話したところ、投資金融情報専門紙『日経ヴェリタス』で紹介された。私はそれをきっかけにメディアに寄稿するようになり、中国とのビジネスリスクに関する専門家として知られるようになった。

●「技術移転」という中国の侵略行為

２０１９年10月、中国の習近平国家主席は、中華人民共和国成立70周年祝賀大会という非常に重要な大会の演説を次の言葉で締めくくった。

《「二つの１００年」の奮闘目標を実現し、中華民族の偉大な復興という中国の夢を実現するために努力して奮闘し続けましょう》（人民日報ウェブサイト）

「二つの１００年」が、２０２１年の「中国共産党創設１００年」と２０４９年の「建国１００年」を指していることをご存じの方は多いだろう。そして、建国１００年を迎えた時、「中国は米軍と並ぶ世界一流の軍を持つ国家になるだろう」としていることもマスコミ報道などを通じてよく知られていることだ。

しかし、中国がどのようにして「米軍と並ぶ世界一流の軍を持つ国家」になろうとしているのか、具体的にイメージできる人はそう多くはないかもしれない。新聞報道や雑誌の評論には目を通すけれども、直接、中国政府の国防白書や、中国の中央行政機関である国務院の計画通達書を仔細に読む人は少ないだろうからだ。

中国政府が２０１９年7月24日に公表した、いわゆる『国防白書２０１９』には次のような記述がある。

《新しい科学技術革命と産業革命が進む中、人工智能（ＡＩ）、量子情報、ビッグデータ、クラウドコンピューティング、ＩｏＴ（Internet of Things＝モノがインターネットに接続されること）等、最先端の科学技術の軍事領域への応用が加速し、国際軍事競争の局面に歴史的な変化が発生している》

《国家の海洋権益を維持し保護し、国家の宇宙、電磁波、サイバー空間等における安全を維持し保護し、国家の海外における利益を維持し保護し、国家の持続可能な発展を支える》

これは、２０１７年7月8日に国務院が全国に通達した「新世代人工知能開発計画」を受けてのものだ。この、いわゆる「次世代ＡＩ発展計画」には、次のような記述がある。

《ＡＩ技術の軍民双方への転化を促進し、新たな世代のＡＩ技術を指揮命令、軍事シミュ

レーション、国防装備等に対する有力な支柱へと強化し、国防領域のＡＩ技術の成果を民生領域への転化・応用へ誘導する》

要するに、ＩｏＴに基づいて智能化した武器装備を利用し、陸、海、空、宇宙、電磁波、サイバー及び認知領域における一体化戦争に対応した軍事装備品へ転換すること、簡単に言えば「ハイテクによる兵器の近代化」が「世界一流の軍」ということである。これら国防白書や国務院の通達は、中華人民共和国中央人民政府のウェブサイトに掲載されている公開情報だ。誰もが読める。

そして、『国防白書２０１９』には次のような記述もある。

《軍事近代化のレベルは依然として国家安全保障のニーズからかけ離れている。世界の高度な軍事レベルと比較すると、まだ大きなギャップがある》

中国にはこうした自覚が明確にある。そこで現在、中国が推進しているのが、外国から中国への先端技術の移転だ。

では、中国はどのようにして先端技術を中国へ移転しようとしているのだろうか。

◎M&A(企業の合併・買収)によって技術を吸い上げる。
◎中国国内に企業を誘致し、合弁会社をつくらせて技術を吸い上げる。
◎各国大学に、人民解放軍軍人のなりすましを含めた留学生を送り込み技術を吸い上げる。
◎「千人計画」と呼ばれているが、研究者を世界中から高額報酬で買い上げて技術を吸い上げる。

つまり、「持っていないから奪ってしまえ」ということだ。

軍隊が上陸するばかりが侵略ではない。中国が今行っていることは、各国企業に対する侵略であり、各国学術界に対する侵略である。

この中国による先端技術の移転という侵略的行為は、今、世界的な技術争奪戦をひき起こしていると言っていい。この戦場におけるテーマは「経済安全保障」である。軍事転用可能な技術(軍民両用技術)の中国への流出をいかに防止するか、ということだ。

アメリカが2020年2月に、対米投資の審査及び規制権限を強化する「FIRRMA(Foreign Investment Risk Review Modernization Act =外国投資リスク審査近代化法)」を、8月には技術までも含めて輸出規制を強化する「ECRA(Export Control Reform Act =輸出管理改革法）」をそれぞれ施行したのは、当然、中国のこうした動きを背景としたものだ。ともに国防権限法の枠内であり、国家安全保障を目的としている。

我が国もまた、2019年に外国為替及び外国貿易法（外為法）を改正し、2020年5月に改正外為法を施行した。財務省のウェブサイトによれば《国の安全等を損なうおそれがある投資に適切に対応していくこと》を明確に目的の一つとしている。

本書では、中国がどのように「先端技術の移転」を画策しているか、実例を挙げて具体的に紹介していく。M&Aの現場に立つ私が仕事を通して実感した中国人の気質というものにも触れていこう。中国と特にビジネス上で関わる際の、企業経営の点から見た時、国家安全保障の点から見た時のリスクの高さが、深刻に分かっていただけることと思う。アメリカの厳格な対中政策の必然性とその内容についても解説し、日本はどうあるべきかという問題も考えていく。

●21世紀初頭に始まっていた中国の策略

私は1991年にM&Aの世界に入った。それ以前、1982年から1991年までは精密機械や電子機器などをつくっている会社に勤めていた。

この会社では、いろいろな仕事を経験させてもらった。どうやって製品の企画開発を行い、量産に持っていき、市場に出していくか、そういった業務を体得した。つまり、私は製造業出身のM&A専門家である。

この会社にいた9年の間に、仕事を通して頭の中に叩き込まれたことがある。製造業の競争力の源泉はいくつかあるが、最も重要なのは技術力である。技術において他社よりいかに比較優位にあるか。いかに他者の追随を許さない技術力を持っているか。事業とはそれを商品にして展開していくものだ、ということである。

この会社もまた中国に進出し工場を持っている。ただし、私が勤めていた当時は、一番の秘中の秘は中国には持っていかず、最新技術を使った製品や部品は日本国内でのみつくり、一世代二世代前の技術を使った製品を当時労賃が安かった中国でつくるというポリシーを貫いていた。

例えばインクジェットプリンタでは、インクを正確に紙に飛ばすために、インクを吐出するノズルを正確に加工することが必要だ。このノズルを加工するための専用製造装置が秘中の秘だった。当時、国内の某事業所に製造ラインがあり、ノズルの加工はここで行われていた。社員であっても許可がなければ立ち入ることはできない。事業企画の部署で過ごした私でさえ、その製造現場に2回しか入っていない。

こうした経験が私を、技術移転ということに対して神経質にさせている。金融出身のM&

Ａ専門家たちが持っていない視点だと思う。

例えば、２０１０年にオギハラという群馬県にある大手金型会社が中国の自動車メーカー・比亜迪汽車（ＢＹＤ）に買収された時、私はたいへんなショックを受けた。

金型は、製品というものの外観、性能、品質のすべてを決める製造業の生命線であり、かつ、未来に継がれるべき重要資産である。まさに職人技術であり、日本は他国の追随を許さないほどの高度な金型の加工技術を持っている。特にオギハラは世界一の技術を持つと言われていた。そのノウハウをすべて中国に持っていかれたことに私はショックを受けたわけだが、思い起こしてみると、すでにこの頃から中国の技術移転工作は始まっていたことになる。

いや、実はそれ以前にも２００６年、太陽光発電モジュール及び太陽光発電システム製造販売の日本大手だった株式会社ＭＳＫを、同事業種の中国の最大手サンテックパワーが５４５億円で買収したことがあった。当時、中国企業による日本企業の最大規模の買収として話題になったが、問題は買収から約半年の間に起きた出来事である。

サンテックパワーがＭＳＫのＭ＆Ａを発表して買収したのが8月。そして、翌２００７年1月早々に、九州の大牟田工場の閉鎖が発表された。サンテックパワーは、図面からなにからすべてのＭＳＫのノウハウと技術を中国に運び込み、大牟田工場を抜け殻の用済みにした上で半年後の閉鎖を発表したのである。

このことは関係者間でかなりの騒動となり、その後、従業員が買収して同年7月にYOCASOL株式会社が発足した。しかし、YOCASOLは2013年に破産し、日本のネミー株式会社に買収された。そして2015年にはついに工場閉鎖となった。

やるせない話ではあるが、サンテックパワーの大牟田工場閉鎖発表を聞いた時、私は、あるメディアの取材を受けて、それはそうだろう、とコメントした。買った中国企業にしてみれば、賃金の高い日本で従業員を雇用して生産を続ける理由はどこにもない。彼らは技術を買っただけであり、要るものだけを取り上げて捨ててしまうのが中国のやり方なのである。

今に始まったことではなく、中国はこういう乱暴なM&Aをやる国である。2015年5月、習近平は、「中国製造2025」と呼ばれる産業発展政策を発表した。これについては次章で詳しく触れるが、この政策が実現すれば、すべての日本企業はMSKのようになり、中国企業の下請けと化すか潰れるかするだろう。日本のものづくりは危機的状況に陥るのだ。

●契約はするが履行するとはかぎらない

日本人や欧米人にとって契約とは「agreement（合意、承諾）」であり、取り決めたことについては遵守する。何か不具合が生じた場合には裁判になり、契約の解釈をめぐって言い合いになることはあるにせよ、原則として契約は守るべきものとされている。

しかし中国企業（それと韓国企業）にとって契約は、正確な意味で「紙切れに過ぎない」ことを知っておくことは有効だ。こちらが少しでも弱れば条件を変え、無理を押し込んでくる。それが彼らの文化である。少しでも隙があり、譲歩する余地を見せれば、土足で踏み込んできて家財道具を無断で持ち出すような真似をする。したがって、常に気を張り見張っておく必要がある。

例えば、機密保持契約書というものがある。交渉の過程で知った情報の一切を第三者へ口外しない、という趣旨の約束の文書だ。ビジネスでは、基本的な契約の一つとも言える。

私はM&Aの助言や支援、経営不振になった会社の企業再生支援事業にも関わっており、正確で公正な取引を行うために入手する企業の情報や資料はかなり深い部分にまでわたる。それを第三者に渡さないことを約束するのは常識だと日本人は考えるし、実際、常識である。

しかし、中国あるいは韓国の人たちは違う。まず、会社の売買が目的ではない場合が多々ある。機密保持契約を交わした上で、相手の会社の情報と資料を開示させ、欲しい技術を入手したらそのまま逃げるのだ。彼らにとって機密保持契約書とは、機密情報にアクセスするためのパスポートのようなものだ。そこには、機密情報を守るという意識などまったく存在しない。

自戒をこめて、私の恥を一つお話ししておこう。20世紀も終わりに近づいた頃の話だ。ある韓国企業が、携帯電話に使う振動モーターを開発、生産できる日本の会社を探していた。携帯電話の着信通知の機能に、本体が震えるバイブレーションがある。その韓国企業はその振動モーターがつくれずに困っていたのである。

当時、私はM&A仲介会社に勤めていて、韓国を担当していた。私は韓国の提携会社から紹介されてその韓国企業の担当者と会った。話は機密保持契約書に基づく守秘義務の交換まであっと言う間に進み、これは早いな、と思った。

その後、その韓国企業の関係者が日本に視察にやって来たのだが、彼らは写真を撮りまくり、図面をコピーしまくり、モーターの製造方法を根掘り葉掘り聞いてきた。当時はまだ中国あるいは韓国に対してそれほど警戒が叫ばれていなかった時代である。それに、我々には機密保持契約書があった。

だが、彼らが帰国した後、彼らと連絡が取れなくなった。そして入手した資料について、先方からの返却は一切なかった。担当者は逃げ、先方の会社は知らん顔である。韓国まで追いかけて連れ戻すこともできない。反日的な国柄のため裁判をしても勝てる可能性はないので、泣き寝入りすることになった。私の面子は丸潰れにされた。

取引においては、約束を交わしたら守る国なのか、約束は一時的なものであって反故にしてもかまわないと考えている国なのか、相手の国柄を見る必要が絶対にある。今では私は、「中国と韓国から来た話はやめなさい」と言うことにしている。サンクコスト（埋没費用）にしかならないからだ。

前出のＹＯＣＡＳＯＬの件に私は関わっていないが、ＭＳＫとの売買契約交渉において、工場を閉鎖するなどという話をサンテックパワー側は一切していないだろう。買ってしまえば俺の自由、ということが常識で、買収後にメチャクチャなことをすることが多いのが中国であり韓国という国だ。アメリカや日本の会社がそういう乱暴なＭ＆Ａをしたという話は聞いたことがない。

●見栄とホラと嘘だらけの文化

数年前の話になるが、知人の紹介である中国人が私のところにやって来た。知人の顔を潰すこともできないので、私はその中国人に会うことにした。その中国人は開口一番、私にこう言った。

「私たちには１００億円の買収資金がある」

日本の介護施設を買いたいというのである。

「それはすごいですね！」

と私は話を合わせた。

「日本の介護施設はそんなに人気があるのですか?」

彼が言うには、中国に日本の介護施設を真似たものをつくりたいから、まずは日本の介護施設を買収したい、ということだった。

その中国人は、都合3回、私の会社にやって来た。最初は、100億円あるからどうだ、という話だったわけだが、2回目は、まだ物件は見つからないのかという催促だった。そこで3回目にやって来た時、私はカマをかけてみた。

「こういう物件はどうですか?」

すると、その中国人は、

「日本でダミー会社をつくる。その会社で100億円、日本の銀行から借りられないか」

という話をし始めたのだ。予想通りの展開だった。

「できたばかりの得体の知れない会社に、どこの銀行が貸すものですか」

と私は言った。その後、その中国人とは音信不通になった。

さすが『史記』や『三国志』の国だけあって、中国人はとにかく話を盛る。こっちの軍隊は10万人で、あっちの軍隊100万人と大決戦をして勝ったというようなことをよく言うのだが、実際は一ケタ違っていて3万対10万の戦いだったりする。

それはM&Aだけでなくビジネス取引においても同様である。こういう話に慣れている私は、中国人の盛られた話を楽しみながら聞く余裕ができたが、中国人に慣れていない日本人は、どうしてもそういう話を額面どおりに信じてしまいがちだ。

中国人のホラと嘘ということについて、信じられないような話を聞いたことがある。同業のある社長が中国企業とのM＆Aで現地に赴いた。売主である中国の本社に行くと、非常に立派な建物で、オフィスでは人が忙しそうに立ち回っていた。だが、翌日に再度出向くと、そのオフィスにはまったく違う会社の看板がかかっていたというのである。まるで映画やドラマのような話だが、あいつらは何でもやる、というのがその社長の率直な意見だった。

中国と日本とではM＆Aに関する考え方、契約というもの自体に対する考え方、ビジネスに対する態度がまったく違う。中国人は、騙されるヤツが悪い、と思っている。これは中国人と関係して、私が体得した基本中の基本だ。ここを認識していないと間違えるということは、最近ではずいぶん意識され始めている。私もこのことは、日夜、努めて発信しているつもりだ。

●ダミー会社という手口

「会社を売ってくれ」とやって来ると日本人に警戒されることに気づいた中国人たちは、別の手口を使うようになった。ダミー会社の利用である。

資本金と株主は中国で用意する。しかし会社は日本の法律の下でつくり、代表者に日本人を置いて日本企業のような偽装をする。これがダミー会社である。取引にはダミー会社に雇われた日本人が向かう。

中国人はダミー会社がダミーたることに、後ろめたさがない。「この売主は、『中国人には会社を売らない』と言っているよ」と言うのが私の常だが、それでも中国人たちは、「私たちには日本人の協力者がいるからダミー会社をつくって買う」というあからさまな返答をするのだ。今も続いている中国による企業買収、そして、昨今問題になっている不動産買収、特に北海道の土地買収のほとんどはダミー会社を利用したものだ。

私がダミー会社と関わった話をしておこう。酒蔵にまつわって2件ある。先に言っておくと、酒蔵を管理監督する各地の国税局や税務署は、中国人が酒蔵買収という名目で水資源を買いに来ていることを察知している。

一つ目は、四国の酒蔵だった。その酒蔵は非常に水のいい場所に位置していた。ある時、私のところに海外在住の日本人がやって来て、その酒蔵を買いたいと言ってきた。

「ジャパニーズ・ウイスキーをつくる」

とその日本人は言った。「日本酒をつくる」と言うと、勘のいい人間なら水資源狙いだなとピンときて警戒されると思ったのだろう。

話をしているうちに、買収資金は中国から出るということがわかった。「自分はシンガポールに住んでいてそこに会社を持っており、中国から何らかの手段でシンガポールに金が送られ、シンガポールの会社が、日本でダミー会社を設立して買収する」という話だった。

よく中国人の代理をする日本人から出る話が「酒蔵を買収して日本酒を中国で売りたい」であるが、まったく信用していない。本当の狙いは、良質の水資源だからだ。この話も不自然で水資源狙いだと思い、私が交渉のハードルを上げると、相手はいなくなった。

二つ目は、九州の酒蔵の話である。ある酒蔵が売却の意向を示していた。私はその酒蔵に正真正銘の日本人の買い手を連れて行った。その酒蔵の持ち主と話をすると、実は中国人からも話があり、法外に高い値段を提示しているという。マンション売買に例えると、相場8000万円のところに1億5000万円を提示しているといった感覚だった。私が連れて行った日本人の買い手は、そんな高額ではペイしないよ、と降りてしまった。

ダミー会社からの話であることは明らかだったから、私は売主さんに、気をつけてくださいよ、と言った。良い水が湧き出す蔵である。買収した後、彼らは何をするかわからない。酒をつくらず井戸を掘って水を汲み出し、せっせと中国に輸出するかもしれない。売主さんの事業家としての評判にも関わる話だろう。そう言い置いて私はその取引から離れた。

業界では、南西諸島・奄美大島へのダミー会社のアプローチがおびただしいという話もよく聞く。なぜ中国が奄美大島を欲しがるかといえば、中国海軍が東シナ海から太平洋に出てくる中継地として必要だからである。この島はかつて旧日本軍が軍港として使っていた。そのようないいロケーションを狙って、中国が土地を買いに来ている。聞いた話によれば、ダミー会社の日本人がやって来て、リゾート開発をする、と説明することがほとんどだそうだ。奄美大島の人々は良識があり、今のところは怪しいと踏んで取引はしていない。

一方、対馬では韓国人による不動産買収が知られている。韓国人による買収はもちろん問題だが、私は、韓国人から中国人へ対馬の不動産を転売する行為が始まっていると聞いている。中国は日本海進出のため対馬にある不動産も押さえにきているということだ。

●外国人の土地買収の制限のない日本

なぜ、日本では中国人ないし韓国人による不動産売買が横行しているのか、不思議に思う人も多いだろう。実はこれには、国際条約が関係している。

1994年に、GATS（General Agreement on Trade in Services＝サービスの貿易に関する一般協定）という協定が締結された。WTO（World Trade Organization＝世界貿易機関）の一環である。WTOには2020年現在で164か国・地域が加盟しており、世界貿易の97％以上を占める。中国、韓国も加盟している。

ＧＡＴＳは外務省の説明によれば、「サービス貿易の障害となる政府規制を対象とした初めての多国間国際協定」だ。そして、サービス貿易には、不動産売買も含まれる。できるだけ政府規制による貿易障害を減らそうというのが目的の協定だが、外国人による不動産売買については条件付きで認める、という国が最も多い。韓国はそうしている。次に多いのが、取得は一切認めない、というもので中国がその代表だ。外国人による土地買収は国家安全保障に関わるからである。

つまり、ＧＡＴＳは各国の事情によって条件をつけて批准することができたのだが、日本は、制限なしで外国人による土地取得を認める、という条件で協定に署名してしまった。制限なしとしているのは、ＷＴＯ加盟１６４か国のうち、日本とオランダ、イギリス、ベルギーとフランスくらいだ。このため、中国人ないし韓国人が日本で自由に不動産を売買できる。これが法的な問題とならない理由である。国際条約が国内法の上位に位置付けられるのは世界常識だ。

このことは、もちろん外交政策上の批判の対象となっていた。しかし、これを改正して土地取引に制限をかけるとすると、他の30近い条約を改正し、同時に国内法の整備をしていく必要がある。事実上、改正は不可能なのだ。

後の章で詳しく解説するが、アメリカで２０１９年度国防権限法の一環として企業の買収を規制したＦＩＲＲＭＡ（外国投資リスク審査近代化法）が成立した。対米外国投資委員会（ＣＦＩＵＳ）の権限を強めて、新規則の８０２というルールを追加し、軍事施設の周辺地域を四つのカテゴリーに分け、外国人による土地の買収についてはそれぞれのカテゴリーの特殊性に応じてＣＦＩＵＳが審査するという法改正を行った。私は、この法改正を研究しているうちに、はたと気づいたことがあった。

ＧＡＴＳの条文には、「第十四条の二」として「安全保障のための例外」がある。「この協定のいかなる規定も、次のいずれかのことを定めるものと解してはならない」として、「（ｂ）加盟国が自国の安全保障上の重大な利益の保護のために必要であると認める次のいずれかの措置をとることを妨げること」とあり、以下の三つの措置が挙げられている。

（ｉ）軍事施設のため直接又は間接に行われるサービスの提供に関する措置
（ii）核分裂性物質若しくは核融合性物質又はこれらの生産原料である物質に関する措置
（iii）戦時その他の国際関係の緊急時にとる措置

つまり、安全保障に関わるものはＧＡＴＳの例外にするという条文がちゃんとあるのだ。

私は、衆議院議員の長尾敬氏に提案を申し上げた。ＧＡＴＳの第十四条の二に則り、ＦＩＲ

RMAの802ルールのように、自衛隊基地の周囲2キロ以内、15キロ以内、国境にまつわる諸島というようにカテゴリーを設けて、外国人による土地買収の制限をかけられるのではないか、と説明した。

長尾議員は現在、世論に対してツイッターや自身のブログを通じて盛んに情報を発信し、「日本版CFIUSの創設に動きます！外国人土地問題解決のために！」というメッセージを掲げ、政府を動かすべく熱心に活動されている。

外国資本による土地買収が、安全保障と関係する理由を説明しよう。中国資本は、自衛隊や米軍基地の周囲の土地を買い漁っている。これら施設の周囲の土地が買い占められ妨害施設が作られると、自衛隊や米軍の行動に支障が生まれる。言い換えると、基地の周囲の土地買収は、戦う前に我が国の防衛拠点を無力化できる要衝を中国に押さえられるということだ。戦う前から要衝を占領されてしまっていることに気づくことが大切なのである。

『正論』2021年1月号で、姫路大学特任教授の平野秀樹氏が気になる指摘をしている。

《ここ数年を振り返ると、断片的ながら一つの流れがあることに気づく。本格的に本テーマにかかる規制の動きを始めようとすると、タイミングよく関係議員のゴシップ記事が流れたり、政府人事で重用されたりして、検討作業そのものが骨抜きにされる。ブレーキ役

が中枢部やその後ろに存在するのか、当初は気概のあった議員たちもマイルドになっていくのである》

実現には新規の立法が必要な他に、内憂外患勢力の影響を排除することも必要だが、いずれこのGATSに縛られた外国人土地買収問題も解消されることと期待している。

●日本のM&A市場に入り込み始めた中国人

最近、中国人が日本のM&A市場に入り込んでいるという実態がある。

話が逸れるが、M&A業者にはいくつかの商売のスタイルがあり、その中に、不動産屋型のM&A仲介会社と呼ばれるものがある。売り情報と買い情報をインターネットで集め、たまたまお互いのニーズがぶつかったものを仲介して、双方から成功報酬を受け取る、というスタイルだ。地方銀行や会計士や税理士と提携するなどして、とにかく売りたい会社の情報、買いたい人の情報を吸い上げるのがメインの仕事となる。

例えば、修理工場を買いたいと思っている人がいたとする。その人は、不動産屋型M&Aの会社のサイトに情報入力するなどの方法で登録しておく。修理工場を買いたいという情報が吸い上げられた時に、その仲介会社はやおら動きだす。つまり、売り情報がアップされても自分では探さず、買い手が登録するまで放っておくということだ。マンションの物件情報を集めて売り買いがマッチした時に動く不動産業者とまったく同じスタイルである。そして彼らは、仲介と称して、双方代理行為に目をつむり、売り手、買い手の両方から手数料をとる。

私はこうした商売には批判的だ。私は、顧客からこういう会社を買いたいという相談を受け、ふさわしい会社を探し出し、該当の会社の氏素性を全部調べ、こういう特徴を持つ会社だからこういうやり方でM&Aの交渉を行おうという戦略設計まで含めた仕事をする。その流れの中では、場合によっては売り手、買い手の両方が顧客で、子会社を売りたい、この業種を買いたい、ということがマッチして、両方とも私が知っている会社だから大丈夫ですよと交渉成立に至ることもある。

しかし、不動産型M&Aの人たちの多くは、自分がどんな会社を売ろうとしているのかまったくわかっていない。彼らは売り買いさえできればよいのであって、M&Aの相乗効果には興味がない。代表者が過去に問題を起こした人間である可能性もある。ひょっとすれば簿外債務がある可能性もある。不動産型M&Aでは、そのようなことを考えずに取引が成立することが多い。

話を戻そう。M&A業界人が集まる情報交換会のすべてがそうとは言わないが、不動産型

M&Aにおいては情報交換会というものを盛んに行う。私もある知人から参加を頼まれて、その人への義理もあることから参加したことがある。

1人ずつ自己紹介を、という要請があり、自己紹介をして名刺交換を行った。すると、その中に堂々と何人かの中国人がいるではないか。日本で今、どの会社が売りの意向を示しているか、歩き回って探しているのだ。中国人ばかりでなく、中国企業を得意先としている中国専門の日本人もいる。

M&A情報交換会の内情を見るまでもなく、仲介会社や紹介会社など、日本のM&A業界に中国人ないし中国という国が入り込んでいるのだ。売り情報を漁り、とにかく何か見つければダミー会社を動かして買い取るということを繰り返している。

私は、その情報交換会の主催者にクレームをつけた。あなたがたは商売のためなら誰でもかまわず呼ぶのか、ということである。私はM&Aの助言を30年してきた。普通であれば情報交換会には顔を出さない。知人から「参加してくれ」と頼まれ、その知人のメンツをつぶすのも悪いと思い応じたら、初対面の得体の知れない中国人と名刺交換させられたという始末である。私が普段いる世界とは異なる空間だった。これはまた、いかに中国人が日本のM&A業界に入り込んで情報を集めているかという証左でもあるだろう。

後述するが、2020年5月に改正外為法が施行され、機微技術を持つ日本企業への海外からの投資行為の規制が格段に厳しくなった。懸念国による企業買収もかなり健全化するだろう。

しかし、中国は、手を替え品を替え、今後さらに日本企業に対する侵略の手を強めてくるはずである。なぜなら、中国には「米軍と並ぶ世界一流の軍を持つ国家」となるための「海外からの先端技術の移転」という国策があるからだ。日本の技術は今こそ狙われているのである。

次章から、その実態をさらに詳しく解説していくことにしよう。

第1章　世界の技術を買い漁る中国のシナリオ

●「世界の工場」中国を育てた日本とアメリカ

中国を指して、「世界の工場」とよく言われる。世界中から原材料や部品を輸入して商品を製造し、輸出で収益を上げる国のことを一般的にこう呼ぶが、もともとは産業革命を迎えた19世紀のイギリスに冠された言葉だった。「The Workshop of the World」の訳語である。20世紀にはアメリカ、次いで日本が世界の工場と呼ばれ、21世紀以降、それは中国のキャッチフレーズのようになっている。

アメリカや日本が「世界の工場」たる所以はその技術力や開発力にあった。しかし、中国の場合は大きく違い、「モジュール化」と呼ばれる、開発力や技術力を必要とはしないビジネスモデルによる「世界の工場」である。

20世紀の終わり頃から世界的に「製造の標準化」という現象が進む。グローバルスタンダード（世界標準）という言葉に代表されるように、簡単に言えば、共通化されたパーツを集めればそれで一定の質の製品ができあがるという状態だ。そこで行われるべきことは、部品集積地をつくり、安価な労働力を利用して製品を組み立て、先進国へ輸出するだけである。いわばプラモデルを組み立てるようなものだ。

中国がそういうかたちの「世界の工場」となっていくことで、アメリカの製造業の空洞化は進んだ。その一方、中国は人民元を米ドルに貼りつかせる実質的ドル本位制をとり、経済

図1　GDP（国内総生産）の実質成長率の比較

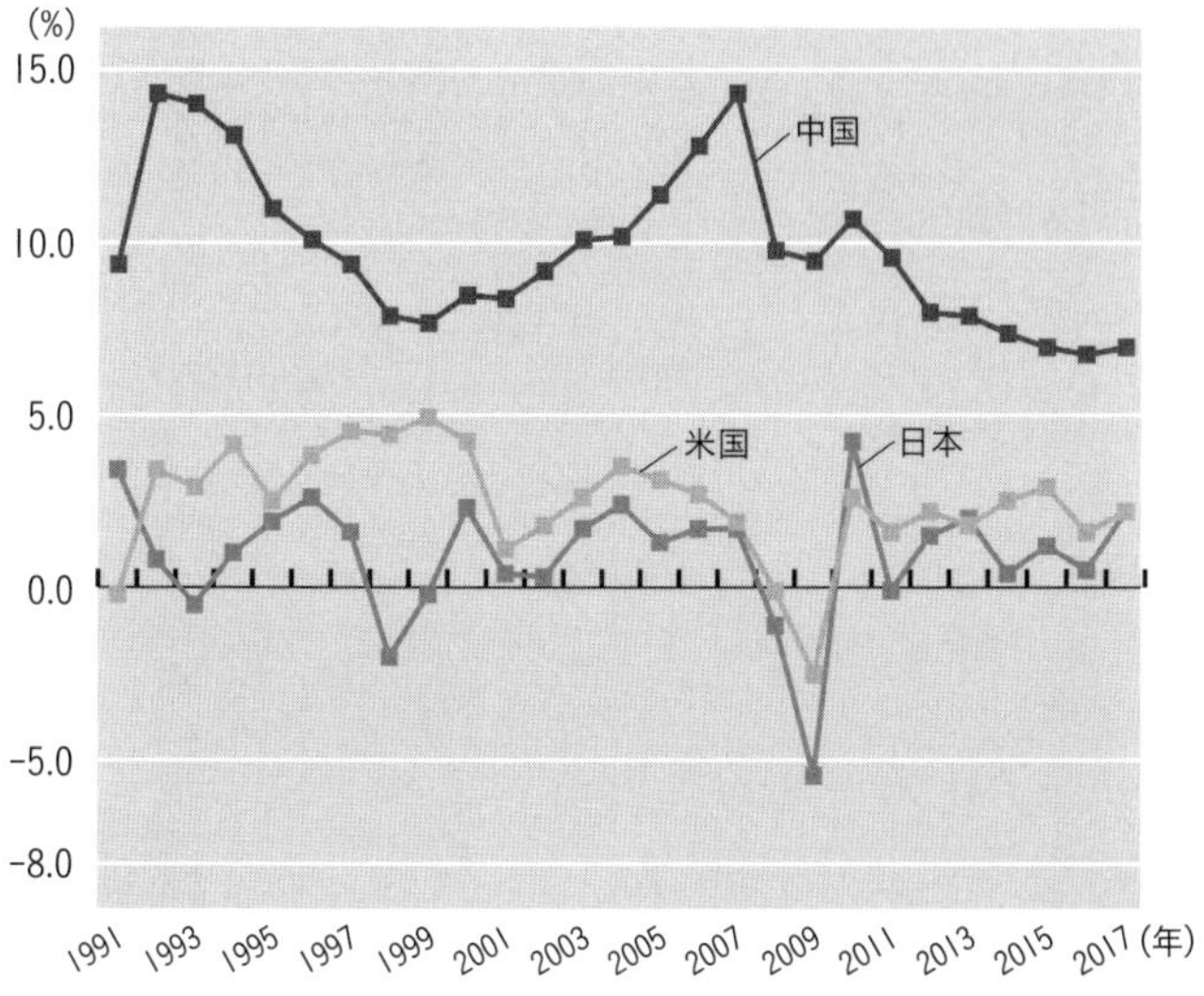

［総務省『世界の統計 2020』ほか］

規模を拡大させていく。

あくまでも公式発表の数字だけを見ての話だが、中国の経済成長率（ＧＤＰ＝国内総生産の増加率）には凄まじいものがある（**図1**）。実質ＧＤＰベースで、１９９１年のソ連崩壊以降、20世紀内の成長率は１９９２年の14・２％を最高値として平均約10・４％。21世紀に入ってからは、２００７年の14・75％を最高値として２０１０年までの10年間で平均約10・６％。２０１０年代は緩やかになったが平均約７・３％である（ＩＭＦ・国際通貨基金による推計）。

同時期のアメリカ及び日本の経

済成長率と比較してみると、その凄まじさはよりわかりやすい。20世紀内の最後の10年間、中国の平均値が「10・4%」だったのに対してアメリカ「3・45%」、日本「1・31%」。中国の最高値が「14・20%」だったのに対して、アメリカは「4・75%」（1999年）、日本は「3・42%」（1991年）である。

2000年代の平均値は中国「10・6%」に対してアメリカ「1・75%」、日本「0・67%」。中国の最高値「14・75%」に対して、アメリカは「3・80%」（2004年）、日本は「4・19%」（2010年）である。

2010年代の平均値は中国「7・3%」に対してアメリカ「2・03%」、日本「0・96%」だ。2020年は新型コロナウイルスの影響により、10月時点での推計で経済成長率はアメリカはマイナス4・2%、日本はマイナス5・27%となったが、なんと中国は1・85%の増加となっていた。

特に2000年代からの中国の経済成長及びその維持は、2001年にWTO（世界貿易機関）に正式加入したことによるところが大きい。中国はこの年をもって、国際的なサプライチェーン（製品供給網）に堂々と組み込まれたのである。サプライチェーンのグローバル化が、中国を世界第2位のGDPを抱える経済大国へと押し上げた。中国を経済成長させたのはグローバリズムである。

そして、中国のＷＴＯ加入を歓迎し、支援したのはアメリカの経済界だったことは知っておくべきだろう。かつてアメリカは中国を甘やかし続けていた。ハドソン研究所中国戦略センター所長及び国防総省顧問を務める政治学者マイケル・ピルズベリーが、２０１５年に出版した『The Hundred-Year Marathon: China's Secret Strategy to Replace America as the Global Superpower.』（邦題『China 2049 秘密裏に遂行される「世界覇権１００年戦略」』森本敏・解説、野中香方子・訳、日経ＢＰ）という本の中でそれを猛省している。

かつては親中派として知られてもいたピルズベリーは、《朝鮮戦争ではアメリカに敵対した中国だが、１９７２年のニクソン訪中を機に「遅れている中国を助けてやれば、やがて民主的で平和的な大国になる。決して、世界支配を目論むような野望を持つことはない」とアメリカの対中政策決定者に信じ込ませてしまった》としている。アメリカは、中国を民主化する目的で支援を続けたのである。

中国を甘やかしてきたのは日本も同様だ。１９７９年以降、《中国の改革・開放政策の維持・促進に貢献すると同時に、日中関係の主要な柱の一つとしてこれを下支えする》（外務省ＨＰ）ことを目的に、ＯＤＡ（Official Development Assistance＝政府開発援助）を拠出し続けた。２０１９年に対中ＯＤＡは終了したが、40年間で計３兆６５００億円余りの額が中国に渡っている。

●目的は世界制覇

２００８年に始まったリーマン・ショック後、中国は通貨操作を作戦に加えて資産をさらに増やしていく。アメリカのＦＲＢ（連邦準備制度理事会）は、景気回復のために２０１４年10月まで４回にわたる量的緩和を行ったが、その結果、アメリカの金融市場からあふれ出た米ドルが新たな市場を求めて中国に流入した。人民銀行はそれを買い上げ、人民元を増発して国内の商業銀行に供給。商業銀行が融資を拡大していった。

ドルの裏付けのある人民元は、いくら増発しても乱発とはならない。なぜなら中国の国有商業銀行や国有企業は、香港で人民元を香港ドルを経由して米ドルに替えることができるからだ。自国通貨を米ドルに連動させる、いわゆるドルペッグ制を利用しているわけだ。

だが、２０２０年７月の香港自治法の発効にともない、アメリカは自国経済に影響の出ることは承知の上で、香港におけるドルペッグを封じる用意を整えた。中国が錬金術的に利用していた香港の状況が変わりつつあることも確かである。

こうして経済を拡大してきた中国だが、問題はやはりこうした極端な経済成長は何のためにあるのか、ということだ。中国国務院総理・李克強は、２０２０年５月28日に行われた全国人民代表大会（全人代）後の記者会見で次のように述べた。

「中国の1人あたりの年収は3万元（約45万円）で、6億人は月収1000元（約1万5000円）である」

新型コロナウイルスの影響による国民生活保障に関連して発言されたものだが、中国国内はネットを中心にこの数字に湧いた。中国共産党がかねがね言い続けてきた「現在、国民1人当たりの資産は100万元（約1500万円）」という宣伝文句から想像される状態とはほど遠く、あまりにも低い数字だったからである。

アメリカや日本など、自由主義であり民主主義体制にある国にとっては、各論で問題はあるにせよ、経済成長は基本的に国民生活を豊かにするためにある。それが国内治安維持の要だからだ。しかし、中国共産党一党独裁体制にある中国では違う。

中国において経済成長は、国民を豊かにするためにあるものではない。すべては戦争準備つまり世界制覇のための作戦であり、軍備増強を目的としている。これは、次項で述べる通り、中国共産党の要人が公言していることだ。

●人民解放軍空軍将校が書いた『超限戦』理論

1999年、中国人民解放軍文芸出版社から、『超限戦：対全球化時代戦争与戦法的想定』というタイトルの本が出版された。アメリカでは同年に『Unrestricted Warfare』（際限なき戦争）としてネットサービスなどを通じても英訳が出回り、日本でも２００１年に『超限戦 21世紀の「新しい戦争」』（共同通信社）として邦訳出版された。２０２０年初頭には角川新書として復刊している。ぜひ、手に取っていただきたい一冊だ。

書いたのは、中国人民解放軍空軍の２人の将校、喬良と王湘穂である。当時、喬良は少将、王湘穂は大佐の地位にあった。現在、喬良は中国人民解放軍国防大学教授、王湘穂は北京航空航天大学教授・戦略問題研究センター長をあわせて務めている。

喬良と王湘穂は、１９９６年の台湾総統選挙に合わせた台湾制圧軍事演習、いわゆる第三次台湾海峡危機に参加したのをきっかけに、この本の執筆のための研究に入ったとされている。

第三次台湾海峡危機において、第一波、第二波と台湾海峡にミサイルを打ち込んだ中国の軍事行動に対して、アメリカは直ちにニミッツならびにインディペンデンスを中心とした二つの航空母艦群を派遣して牽制をかけた。各国のマスコミは、ベトナム戦争以来最大級の軍事力の行使だと報道した。

『超限戦』は、中国がアメリカの圧倒的な軍事力を目の当たりにしたことをきっかけに書かれた本だ。中国は自衛のためにすべての境界と規制を超える戦争を行う準備をすべきだ、という提言がなされている。『超限戦』によれば、現在の戦争についてのルールや国際法、国際協定は西側諸国がつくったものであり、アメリカが新時代の軍事技術と兵器の競争をリードしている。だから、このままでは巨額な開発費を要する最先端の兵器が中国経済の崩壊を招きかねないという。

では、中国はどうすべきか。『超限戦』は、あらゆるものを戦争の手段とし、あらゆる場所を戦場とすべきだと主張する。これが、「限度を超える」ということである。超限戦とは、すべての境界と限度を超えた21世紀の戦争だ。グローバル化と技術の総合を特徴とする。一見、戦争とは何の関係もない行動が、最後には「非軍事の戦争行動」となるのである。

貿易、金融、ハイテク、環境の分野などは、従来なら軍事範囲とは考えなかった。しかし、これらは利用次第で多大な経済的・社会的損失を国家や地域に与えることができる。『超限戦』は、人類に幸福をもたらすものは人類に災難をもたらすことができる、と考えるのだ。今日の世界で、兵器にならないものはない。株価の暴落や為替レートの異常変動は人為的に操作できる。コンピュータシステムへはウイルスを侵入させることができる。ネットによる各国首脳のスキャンダルの暴露など、兵器として使えるものばかりだ。

そして、《人々はある朝、目が覚めると、おとなしくて平和的な事物が攻撃性と殺傷性を持ち始めたことに気がつくだろう》（喬良・王湘穂著、坂井臣之助監修、劉琦訳『超限戦』角川新書、２０２０年）と言う『超限戦』は、20年以上前に書かれた本である。１９９９年の発刊当時は、多分に近未来趣味的な、言ってしまえば絵空事のように捉えられた感は否めない。『超限戦』が現実味を帯びて注目されたのは、2001年9月11日のアメリカにおける民間航空機を使った同時多発テロだった。《人類に幸福をもたらすものはすべて、人類に災難をもたらすものである。言い換えれば、今日の世界で、兵器にならないものなど何一つない》(同前)と書いた『超限戦』の先見性が注目されたのである。

●『超限戦』のシナリオを次々に実行

中国は現在、着実に超限戦を遂行している。実施されている経済及び政治政策のことごとくが、『超限戦』に書かれている思想、理論、戦術そのものであることにまず驚嘆すべきである。そして、追って詳しく解説していくが、日本の特にハイテク技術、工業製品技術に優れた企業が中国企業と取引を行うことは、知らず知らずのうちにこの超限戦に協力させられている可能性がある。

鄧小平の指導体制の下で1980年代から行われてきた外資との合弁会社設立の推進は、2000年代に入ると中国全土に特区を設置し、外国企業にさまざまな特権を与えるに至った。安価な労働賃金を背景に、中国の特に電気産業企業は1990年代から2000年代にかけて盛んにM&Aを行って日本及び各国の企業を買収し、規模を拡大した。輸出による外貨獲得で軍事費を増強するとともに、軍事・民生の両方に利用が可能な技術である「軍民両用技術」（デュアルユース技術とも呼ばれる）を吸い上げるためである。ロボットやＡＩなどが代表的なものだ。

民生用、つまり一般消費者及び一般家庭での使用を目的としている電子機器・装置に使われている技術であっても、大量破壊兵器などに転用できる技術のことを「機微技術」と言う。

特に２０１０年代に入ってから、日本を代表する大企業が、この機微技術及び軍民両用技術をいかに中国に吸い上げられてきたか、または自ら進んで売り渡してきたか、その実態については本書の第２章で、企業の実名を挙げて解説する。まさか、と思われる方は、今すぐ第２章へ飛んで、そちらからお読みいただくのもいいだろう。本章は、いくつかの興味深い具体例については紹介するものの、どうしてそのようなことが起きているのか、まずは中国側の事情を説明することを目的としている。

２００８年から展開されている「千人計画」は、別名を「グローバルエキスパート募集計画」と言う。対象を「国籍問わず、原則55歳以下、海外で博士号を取得している者」として、中国国務院が科学研究、技術革新、起業家精神における国際的な専門家を認定して採用するという計画だが、これは、各国学会から機微技術及び軍民両用技術を、破格の報酬を餌に吸い上げようとする目論見だ。つまり中国は、世界の経済界及び学会の両方に手を伸ばして軍事転用できる技術を奪い取る超限戦に取り掛かっているということになる。学術界を経由した軍民両用技術移転問題は、本章の後半で詳しく説明する。

超限戦はまた、金融も兵器として捉えている。それを具現化したものこそ、２０１４年11月に習近平国家主席が提唱した広域経済圏構想「一帯一路」及び２０１５年12月に発足した「アジアインフラ投資銀行（ＡＩＩＢ）」であると言うことができるだろう。

「一帯一路」の「一帯」は中国からユーラシア大陸を経由してヨーロッパにつながる陸路の「シルクロード経済ベルト」、「一路」は中国沿岸部から東南アジア、南アジア、アラビア半島、アフリカ東岸を結ぶ海路の「21世紀海上シルクロード」を意味している。「一帯一路」は、この地域に対してインフラ整備を名目に、ＡＩＩＢ及び「シルクロード基金」なる投資ファンドが資金を投入していく巨大経済圏構想だ。

ＡＩＩＢはいちおう銀行の体裁をとっているが、シルクロード基金は中国が独自の判断で投資先を決める機関である。その目的は明らかだろう。構想参加諸国を借金漬けにして支配下に置くのである。

そんな「一帯一路」構想であるにもかかわらず、２０１９年４月時点で、１２６か国が中国政府協力文書に署名しているという。主要7か国（Ｇ７）の一つであるイタリアに加えルクセンブルクも覚書に調印し、ＥＵ諸国における参加国は17か国になった（**図2**）。

図2　中国と「一帯一路」構想に関わる協力文書に署名したEU諸国（2019年4月）

オーストリア	スロバキア	ハンガリー	イタリア
ギリシャ	クロアチア	ルーマニア	ルクセンブルク
ポーランド	エストニア	ラトビア	
チェコ	リトアニア	マルタ	
ブルガリア	スロベニア	ポルトガル	

［JETRO資料］

「一帯一路」については、この構想を名目に中国が海外の港湾への出資及び買収を盛んに進めていることが特に注目されている。２０１９年11月には、ギリシャのピレウス港を習近平が直々に視察して話題になった。中国は当然、買収ないし出資した港湾の軍事転用はしないと言っているが、構想発表以前から中国が整備支援を進めていたスリランカのコロンボ港に中国の潜水艦が寄港していたことを、２０１４年にスリランカ海軍の報道官が明らかにしている。ただし、それ以降スリランカは寄港を許可しておらず、２０１９年５月には、コロンボ南港についてはインド、日本、スリランカが共同開発の合意を発表した。一帯一路への対抗が国際的に具体化しつつあることは、いかにこの構想が危険視されているかを物語ってもいるだろう。

そして、こうした拡大主義的な政策、つまり超限戦を個人及び組織、法人の国民全体をもって下支えするのが２０１０年に施行された「国防動員法」と、２０１７年に施行された

「国家情報法」である。アメリカや日本のような民主主義体制下ではおよそ考えられない、全体主義的な驚くべき法律だ。

中国はもはや規制の緩やかな「世界の工場」ではなくなり、中国政府の意志に従った輸出を強いられる国に変わった。2010年以降、国防動員法、国家安全法、国家情報法、中国サイバーセキュリティ法などが施行された。2020年に入り、香港国家安全維持法（中国本土にも適用）、そして、「信頼できないエンティティリスト」制度、国家安全法制的条項や域外適用（自国の法律の外国への適用）がある輸出管理法が成立した。輸出管理法は、第3章で触れることにする。

中国の法による統治は、法が独裁者に奉仕する仕組みであり、これら一連の新法導入は、最近の中国の意向を反映している。

●外国資本を接収できる国防動員法

「国防動員法」は、1997年に施行された有事基本法「国防法」を補完する目的で成立した。有事の際の動員措置を具体的に定めたもので、全14章、計72条からなる。その内容は、およそ次の6点に集約されると考えていいだろう。

①　中国国内で有事（戦争、事変、武力衝突、大規模な自然災害等）が発生した際、全国人民代表大会常務委員会の決定の下で国家主席が動員令を発令する。
②　公民（中国国籍を持つ者）の18歳〜60歳の男性、18歳〜55歳の女性が国防勤務の義務を負う。
③　動員工作については国務院、中央軍事委員会が指導する。
④　個人や組織が持つ物資や生産設備は必要に応じて徴用される。
⑤　交通、金融、マスコミ、医療機関は必要に応じて政府や軍が管理する。中国国内に進出している外資系企業もその対象となる。
⑥　国防の義務を履行しない、また、拒否するものは罰金または刑事責任に問われる場合がある。

「国防動員法」の何が大問題なのか、２０１７年5月17日付産経新聞が、《中国の国防動員法「戦争法」は有事にヒト・モノ・カネすべて強制接収》という見出しで掲載した記事が端的にまとめているので紹介しておこう。

《中国国籍の男性18〜60歳と女性18〜55歳はすべて国防義務の対象者。徴用される人員の

場合、戦地に送られるよりも、兵站などの後方支援や情報収集任務が与えられる可能性が高い》

《日本企業が雇用している中国人の従業員が予備役に徴用された場合でも、企業は給与支給を続ける義務が生じるが、社内の機密がすべて当局に筒抜けとなっても阻止する手段はない。しかも、海外在住者を除外する規定は見当たらない》

《中国国内では、インターネットなど海外との情報通信の遮断から、航空便の運航停止、外資系企業や外国人個人も含む銀行口座や金融資産の凍結、車両の接収まで、すべてが戦時統制下に置かれる懸念がある》

《この「国防動員法」は北朝鮮はもちろん、東シナ海や南シナ海、台湾海峡などで、あるいは中国国内で習近平指導部がひとたび「有事だ」と判断すれば、一方的に即刻、適用できる》

《対中進出した外資系企業も含め、あらゆる組織が戦時統制の下に置かれる》

ちなみに、「国防動員法」施行当時、ほとんどの新聞、テレビは北京に忖度したのか、伝えずにいた。そのせいで、日本の経済界でこの法律を知っている人は少ない。

つまり「国防動員法」とは、有事であると中国が認定すれば、外国資本の工場や物資を自由に接収し、かつ知的財産権を自由に使用することができる法律である。発動されれば、中国にある日本企業の工場は接収される。これは明らかに事業リスクである。

日本では2019年1月31日、「企業内容等の開示に関する内閣府令の一部を改正する内閣府令」が公布され、2020年3月期の有価証券報告書から、「リスクが顕在化する可能性の程度や時期、リスクが顕在化した場合の経営成績等へ与える影響の内容、リスクへの対応策の説明」を明確に記載する情報開示様式へと変更となった。

中国進出企業においては、「国防動員法」によるきわめて大きなリスクを有価証券報告書に記載するのはなかなかできづらいことでもあるだろう。しかし、記載していないのであれば、株主への説明責任を果たしていると言えるのか、ディスクロージャー（情報開示）への取り組みが不十分なのではないか、社外取締役や監査役はいったい何を見ているのか、という話にもなるのである。

例えば、中国に5000億円の生産拠点をもつA社と、中国に進出していないB社とでは事業リスクが変わってくる。国防動員法が発動された場合、A社の在中資産は接収されて5000億円の損失が発生するが、中国に進出していないB社には損失は発生しない。これは株価にも影響する重要な点だ。

場合によっては、事業リスクを開示しなかった企業の役員が株主代表訴訟を起こされる事態も起こりうるだろう。投資家保護のため内閣府令は厳格に運用されなければならないことは言うまでもない。金融庁が監査法人を指導する必要を感じる。

●全中国人がスパイになる国家情報法

そして、中国は2017年に「国家情報法」を施行した。全5章、計32条からなる、国の情報活動に関する基本方針とその実施体制、情報機関とその要員の職権などについて定めた法律である。問題は第1章総則第7条の次の内容だ。

《いかなる組織及び国民も、法に基づき国家情報活動に対する支持、援助及び協力を行い、知り得た国家情報活動についての秘密を守らなければならない。国は、国家情報活動に対し支持、援助及び協力を行う個人及び組織を保護する》（訳・国立国会図書館海外立法情報調査室）

中国外交部がいくら「第8条で『国家情報活動は、法に基づいて実施し、人権を尊重及び保障し、個人及び組織の合法的権利利益を守るものでなければならない』としているから問題ない」と言い訳しようとも、これは中国国民全員に中国が利するスパイ活動を義務付け、国家はそれを全面支援する、という条文に他ならない。

こうした法律があるにもかかわらず、情報活動への協力義務を負う中国人を軍事技術や軍民両用技術の開発業務に当たらせている日本企業がいまだにあるが、「そんな法律があるとは知らなかった」で済む話ではないだろう。管理が手薄な中で軍民両用技術が中国に移転されれば、外為法違反や特定秘密保護法違反の対象となる可能性が高い。さらに言えば、軍民両用技術の移転は兵器をはじめとする中国の軍事物資の質を高め、日本国民を危険にさらすことを意味する。

前述した「国防動員法」には、もう一つ、注目しておかなければならない条文がある。第１章総則第４条には次のように書かれている。

《国防動員は、平時と戦時との結合、軍需と民需との結合及び寓軍於民という方針を堅持し、統一的指導、全国民の参加、長期的準備、重点的建設、全局を考慮した統一的計画及び秩序があり効率が高いことという原則に従う》（訳・同前）

これは、中国は「軍民融合政策」を原則とする国である、ということを高らかに謳った条文である。「寓軍於民」とは軍を民に宿らせる、つまり軍需産業を国民経済に統合して軍事に民間の活力を導入すべし、という意味のスローガンだ。

最後に、「中国サイバーセキュリティ法」について簡単に要点を紹介する。2016年11月、全国人民代表会議で「中国サイバーセキュリティ法」が可決され、2017年6月1日より施行された。主なポイントは以下の通りである。

① 国外へのデータ移転が、原則的に禁止された。個人情報及び中国当局が重要とみなすデータの海外移転にも制約がかけられた。中国当局が「国の政治体系・経済・科学技術・国防にリスクをもたらす、ないしは中国社会・公共の利益を損なうと判断した場合」あるいは「中国政府が必要とみなすその他の状況」にあたると判断すれば、その国外移転は禁止される。

② 中国国内で収集・生成された個人情報やデータは、中国国内で保管することが義務付けられた。

③ サイバースペースにおける中国当局の強い権限が規定され、違反者には高額な罰金を含む罰則が与えられることが明確化された。

④ 重要なサイバー設備・セキュリティ製品に中国当局のセキュリティ認証が義務付けられた。

日本では、中国の産業政策や産業構造についてはほとんど報道されていない。日本企業の多くは、その実態を知らずに無防備のまま、いわば丸腰状態で中国に進出しているのである。

●中国の軍民融合政策と智能化戦争

すでに見てきたように、中国では軍事拡大と経済成長が密接不可分の関係になっている。人民解放軍と政府、軍事企業集団、中国共産党人民解放軍関連企業が、政治・経済・軍事の連合体を形成している。アメリカにおいても同様に政治・経済・軍事が連合体をなす、いわゆる軍産複合体の存在が指摘されるが、中国ほどあからさまで独特な、つまり法律の条文に記すようなストレートな体制をとっていない。やはり中国は世界に類を見ない異形の国だと言うことができるだろう。

中国は軍民融合政策を原則とする国だ。アメリカ政府は軍民融合政策を、「中国共産党が人民解放軍を世界クラスの軍に発展させるため、民間企業を通じて外国の技術を含む重要・新興技術を取得・転用する戦略」と定義している。

きわめて理解しにくいのは、中国においては軍事技術の開発が、民間利用を念頭に置いて行われるということだ。まず軍事技術が開発され、その後で該当の軍事技術を転化した民生品を商品化して販売することで経済成長を図る、というのが中国の産業構造である。そして、経済成長して上がった収益を再び軍事費に回していく。明らかなことは、「常に軍事技術開発が先にある」ということだ。

中国は『国防白書２０１９』において、国家の総合的な科学技術力がこれからの軍事的な情報通信、具体的に言えば本部と前線との通信や兵器の制御の要になることを明言した。従来の制空権、制海権に加えて、制智権が重要になるという考え方である。中国はこれを「智能化戦争（intelligent warfare）」と呼び、この戦争に勝つために西側諸国から機微技術及び軍民両用技術の移転に努めている。

２０２０年11月に日本の防衛研究所は、中国の中長期的な軍事動向に関する年次報告書「中国安全保障レポート２０２１」を公表し、「中国はＡＩなど先端技術を駆使した将来の智能化戦争に備え、新たな部隊の創設や研究開発を進めている」と智能化戦争を指摘した。また、中国政府が民間企業の機微技術を軍事転用する「軍民融合発展戦略」を国家戦略に格上げしたことにも触れた。

これに対し、中国国防省は記者会見で「客観的でなく、無責任で専門的でない」と述べた。中国は、世界から科学者を高額で引き抜いて機微技術を移転する「千人計画」などが、日欧米で警戒されていることに神経質に反応したのである。

問題は、私たち日本人にとっては一見軍事とは関係のないように見える技術や製品についても、中国にとっては「まずは軍事技術の開発」の範疇に入る場合が多分にある、ということである。

●インスタントコーヒー製造技術も軍事転用

具体例を一つ挙げてみよう。中国はかねてから軍用機に搭載する内燃機関、つまりエンジンの国産化をテーマとしてきた。人民解放軍の戦闘機に使われるエンジンはロシア製が多く、潜水艦に使われるディーゼルエンジンは、ドイツ製が多いとされる。そのためには優秀な内燃機関技術を西側から移転することが重要だ、と考えるのが中国という国である。

中国兵器装備集団公司のグループ企業に重慶長安汽車股份有限公司（長安汽車）がある。その前身は、かつて「金陵兵器廠」と呼ばれた中国最大の兵器工場である。１９５３年に自動車製造業に参入し、長江ブランドのジープを10年間生産した後、「北京汽車製造廠」にジープ事業を移管、中国兵器装備集団公司による２００５年の傘下企業の再編を経て現在に至っている。

日本の自動車メーカーのマツダ株式会社は、２００５年、マツダ、フォードと長安汽車の三社で合弁会社「長安フォードマツダエンジン有限公司」を設立した。この会社は、中国製マツダ車に搭載されるエンジンを量産し、中国市場向けの自動車を生産する「長安マツダ汽車有限公司」に出荷するのが仕事だ。その後、フォードとマツダの資本提携解消に伴って、「長安フォードマツダエンジン有限公司」は2019年1月、マツダがフォードの持ち分を取得するかたちで「長安マツダエンジン有限公司」に社名変更されている。

ここで生産されるエンジンは、マツダの内燃機関技術を使ったガソリンエンジン「SKYACTIV-G」である。量産エンジンとして世界一の圧縮比「14・0」を実現した新世代高効率直噴ガソリンエンジンとして知られている。

日本由来のこの優れた技術がマツダの合弁相手である「長安汽車」を通じてグループの親玉である「中国兵器装備集団公司」に渡り、マツダが知らないところでジープなどの軍事車両をはじめとする人民解放軍兵器の内燃機関技術の開発に転用されていないと言い切ることはできない。

エンジンについては多少、軍事との結びつきが想像できてしまうかもしれない。違う例を挙げてみよう。スプレードライヤーという機械がある。この機械にはスプレードライ技術という液体を粒子にする技術が採用されている。例えば、食品会社はインスタントコーヒーの製造にスプレードライヤーを使う。

スプレードライヤーを海外に輸出するためには、外為法に基づいて、事前届出による審査と事後報告が必要である。なぜなら、スプレードライ技術は生物兵器の開発に使えるからだ。生物兵器とは、細菌やウイルス、あるいはそれらがつくり出す毒素などを使用し、人や動物に対して使われる兵器のことをいう。

スプレードライヤーについては、実は２０２０年3月に事件が起きている。「大川原化工機」という神奈川県横浜市にある会社が、自社製造のスプレードライヤーを中国に輸出して外為法違反、無許可輸出の容疑で社長以下３名が逮捕された。輸出規制に該当しないという虚偽の申請書類をつくって届出を行い、輸出したのである。中国ではスプレードライヤーをリチウムイオン電池の製造に使用していたようだ。

これは、１９８７年に発生した「東芝機械ココム違反事件」と同じ手口だ。

●東芝機械ココム違反事件

ココム（ＣＯＣＯＭ＝対共産圏輸出統制委員会）は、かつて東西冷戦時代に存在した、共産主義諸国への軍事技術・戦略物資の輸出規制または禁輸のための委員会とその取り決めである。当然ソ連を一番の仮想敵としており、ソ連崩壊後、１９９４年に解散した。

当時、東芝機械は虚偽の申請書をつくって工作機械をソ連に輸出した。ソ連は、音を立てない、つまりレーダーにひっかからない潜水艦のスクリュー装置を削り上げるために東芝機械の工作機械を使ったのだが、それがアメリカの諜報機関の捜査によって明らかにされ、日米間で大問題になったことがある。

東芝機械ココム違反事件のあらましはこうである。東芝の子会社・東芝機械の工作機械の品質は世界トップクラスで、「9軸制御」と呼ぶのだが、同時に9か所を加工できる性能を持っていた。この東芝機械に伊藤忠商事がからみ、和光交易というダミー会社をつくって、工作機械の性能を「2軸」と偽った申請書を当時の通商産業省（現在の経産省）に提出して、ソ連に輸出したのだ。

その輸出方法はたいへん手の込んだものだった。工作機械本体はソ連にダイレクトに輸出し、9軸制御を決定するソフトウェアをノルウェー経由で輸出したのである。この工作機械の導入によって、ソ連の潜水艦のスクリュー音が消えた。レーダーに映らなくなったのである。

調査に入ったアメリカの諜報機関によって、東芝機械のココム違反が摘発された。当時の中曽根康弘首相は田村元通産大臣（当時）をアメリカに送り、キャスパー・ワインバーガー国防長官に正式に謝罪した。東芝機械の幹部は刑事罰の裁判を受け、親会社の東芝では会長と社長が辞職に追い込まれた。同時に伊藤忠商事の瀬島龍三（当時相談役）が特別顧問に左遷された。２００７年に他界した瀬島龍三は旧日本陸軍の元軍人であり、シベリア抑留から帰国後、ソ連のスパイとして活動していたと目されている人物だ。

話を戻すと、２０２０年の「大川原化工機」の事件は、技術の軍事転用に対する日本の意識、つまり経済安全保障に対する意識の低さを物語ってもいる。「中国は人口が多く、需要が多い」そして、「常にモノの流通は滞ることがなく、軍民両用技術は軍事転用されたり、兵器と化した製品が第三国に輸出されたりすることはない」という希望的・楽観的な認識なのである。

このままでいけば、いくら西側諸国が経済安全保障のバリアを中国との間に張ったところで、日本が中国への抜け道になってしまう可能性は高い。一企業、一個人が行う活動と、国及び国民の安全の間には密接な関係があるのだ。

●ディスプレイ技術をめぐる見えない戦争

中国の技術移転工作について、具体例をもう一つ挙げておこう。官民出資の投資ファンド・産業革新機構が主導して、ソニー、東芝、日立のディスプレイ部門が統合されるかたちで設立され、２０１４年に事業を開始した「ジャパンディスプレイ」という上場会社がある。

ジャパンディスプレイの経営悪化が原因で、２０１９年、同社が中国企業に買収されそうになったことがある。中国及び台湾の投資ファンド３社で構成される中台企業連合「Ｓｕｗ aコンソーシアム」が800億円の金融支援を行い、筆頭株主の産業革新投資機構（2018年に産業革新機構から商号変更）に代わって議決権の49・8％を保有する筆頭株主になり、取締役の半数以上を送り込む計画が進行していると『週刊ダイヤモンド』が報じた。

私は、YOCASOLの例もあり、これは問題だと思った。『週刊ダイヤモンド』によると、Suwaコンソーシアムは、ジャパンディスプレイを買収した後で、日本円換算で5000億円にものぼる中国の産業補助金を投じて中国の浙江省に有機ELディスプレイを製造する最新鋭の巨大工場をつくると報道された。Suwaコンソーシアム、つまり中国が手に入れたいのはジャパンディスプレイが持つ液晶技術ではない。欲しいのは、戦闘機のコックピットにある表示装置や潜水艦などの表示装置にも使われる有機ELの技術だけなのだ。タイミングを見て、ジャパンディスプレイの白山工場は閉鎖され、有機EL技術だけが中国に持ち去られる可能性もYOCASOLの先例から懸念された。

現在、アメリカでは一部の戦闘機のコックピットの情報表示パネルに有機ELを採用している。有機ELは、表現力、表示速度、重量、薄さなど、さまざまな点において従来の表示用素材よりも優れた能力を持つ。ハイレベルの有機EL技術があるということは、すなわち、より優れた表示機能のある戦闘機を持つということに他ならない。中国によるM&Aの狙いがそこにあるのは明らかだ。

　ジャパンディスプレイは当時、ＪＯＬＥＤという会社と提携関係にあり、同社の株を最大時で27・８％持っていた。ＪＯＬＥＤ社は各ディスプレイメーカーの有機ＥＬ部門を切り離して政府系ファンドの主導で統合した、日本の有機ＥＬ技術を集めた専門会社である。中国の狙いは、ジャパンディスプレイを買収することで、提携関係にあるＪＯＬＥＤ社の有機ＥＬ技術を吸い上げて中国に移転し、軍事転用することにあったと思う。実際に、ジャパンディスプレイには、東芝や日立製作所由来の技術があり、戦闘機のコックピットに搭載する表示装置に使われる部品の開発や製造ができるのだ。

　中国に軍事転用されかねないＭ＆Ａは阻止することが必要だ。このことを知った私はある人物に提案をした。当時の世耕弘成経済産業大臣が、有機ＥＬの技術は絶対に海外には出さないと言っていた時期だった。

　私の提案はこうである。まず、ジャパンディスプレイが持っているＪＯＬＥＤ社の株をすべて第三者に売却し、ＪＯＬＥＤとの資本関係を遮断する。つまり、ジャパンディスプレイから有機ＥＬ事業との関係を切り離す。その上で、ジャパンディスプレイに在籍している有機ＥＬ関係の技術者を全員ＪＯＬＥＤ社に転籍させ、技術者が持つ有機ＥＬの技術知見も分離する。Ｓｕｗａコンソーシアムには旧来の液晶技術と設備だけが残ったジャパンディスプレイを売り渡せばいい。私が動いたのはここまでだ。

すると、ジャパンディスプレイが持っていたＪＯＬＥＤ社の株が産業革新投資機構に引き取られた。すると、Ｓｕｗａコンソーシアムに連合していた企業は一つ抜け二つ抜けしていき、中国による買収話は空中分解したのである。

私は政府の人間ではなくただの民間人だ。ただし、Ｍ＆Ａに30年携わってきた経験から、企業買収での戦いではさまざまなかたちの作戦を考案することができ、助言をすることで超限戦を戦うことができる。この提案は「焦土作戦」と呼ばれる企業防衛策の応用だ。

ジャパンディスプレイをめぐって起こったことは、武器を使わない戦争である。もし日本がこの攻防戦に負ければ、人民解放軍の戦闘機や潜水艦の性能は上がり、実際の戦場で自衛隊が不利な戦いを強いられる憂き目を見ることになるのだ。

この話には続きがある。中国からの出資の話は消えたが、ジャパンディスプレイの経営難が消えたわけではない。そこに登場したのが「いちごアセットマネジメント株式会社」という独立系投資顧問会社だった。最大計１００８億円の金融支援を決定し、ジャパンディスプレイは「いちご」を筆頭株主として改めて再建を目指すことになった。

どういう経緯で「いちご」が登場したのか、私は事実を知らない。ここから先は私のまったくの想像になるが、おそらくアメリカから資金が流れて「いちご」が動いたのではないかと考えている。いちごアセットマネジメント株式会社の代表取締役はアメリカ人のスコット・

キャロン氏である。同社の会社概要には日本開発銀行、バンカース・トラストアジア証券会社東京支店、モルガンスタンレー証券会社を経て今に至る氏の経歴が書かれている。

当時は、有機ＥＬ技術のもう一つの雄だったパイオニアが、香港の投資ファンド「ベアリング・プライベート・エクイティ・アジア」の傘下に入ったばかりだった。ジャパンディスプレイを失えば、有機ＥＬ技術に優れ、有機ＥＬ製品をつくることのできる企業が西側から消え去ってしまう。おそらく、アメリカはそれを危惧したのではないだろうか。

ジャパンディスプレイは、２０２１年３月には車載用液晶ディスプレイを製造する鳥取工場を強化して生産能力を高め、中国で行っていた工程の国内回帰を図ると報道された。

いずれにせよ、すべては経済安全保障の話なのである。有機ＥＬは今後ますます、潜水艦、軍用艦、イージス艦など、軍事情報の存在するところなら限なく使われていく技術である。シャープは台湾に買収され、パイオニアは香港資本に買収され、これでジャパンディスプレイを中国に買収されれば、西側には何もなくなることになる。アメリカは「いちご」を使って、ジャパンディスプレイをなんとか西側に留まらせているのではないかと推察している。

●中国軍と関係が深い中国企業リスト

軍民融合政策が、政治・経済・軍事の連合体を形成する人民解放軍と政府、軍事企業集団、人民解放軍関連企業によって推進されていることはすでに触れた。軍事企業集団は、人民解放軍の兵器や武器装備品の研究開発と製造で中心的な役割を果たしている。その傘下に人民解放軍関連企業の一群が存在する。開発された技術を民生部門へ転換して民生品を商品化して販売を行い、その収益は再び軍事費へ注ぎ込まれていく。この中国の軍事優先政策の中核となって動く企業35社のリストが、アメリカ政府により公表されている。

図3は、人民解放軍に関係の深い企業として2020年、アメリカ国防総省が議会に提出したリストをまとめたものである。6月24日にファーウェイを含めた20社のリストが一度出され、8月28日に11社が追加され、さらに12月2日に4社が追加された。

当然中国側は、「この図に記載された軍事企業集団とは中国版軍産複合体である」とか、「この会社が人民解放軍と密接な関係を持つ企業である」といったことは公表しない。**図3**のリストはアメリカ政府が自国の情報機関を使って調査し判断したものだ。経済・金融の大手総合情報サービスであるブルームバーグが報道したが、なぜかブルームバーグ日本語版には肝心の会社名が出ていなかった。**図3**のリストは私が英語版のページを参照して翻訳整理し、各企業の事業分野について若干の説明を加えたものである。

中国航天科技集団公司（①）から中国兵器工業集団有限公司（⑨）までの九つが軍事企業集団である。中国は中国共産党一党独裁の全体主義国家であり、事業の自由より完全管理が優先されるから、コンツェルンを分野別に構築することができる。例えば、上の二つ、中国航天科技集団公司と中国航天科工集団公司（②）は宇宙ミサイル分野をやっている。中国電子科技集団公司（④）は電子分野をやっているし、中国船舶重工集団公司（⑦）は船舶分野といった具合だ。

そして、それぞれの軍事コンツェルン（軍事企業集団）の下にさまざまな会社がぶら下がっている。例えば、**図3**の中にハイクビジョン（⑫）という監視カメラの製造に特化した会社が挙がっているが、ハイクビジョンは中国電子科技集団公司のグループに属する一社である。

中国航天科工集団公司やファーウェイ（⑪）、ハイクビジョン、ＳＭＩＣ（㉝）などすでにリスト入りしているものもあるが、ここに挙げられた企業は、遅かれ早かれアメリカのエンティティリストに入れられるだろう。エンティティリスト（Entity List）とは、米商務省が輸出管理法に基づき、国家安全保障や外交政策上の懸念があると指定した企業の一覧リストである。

このリストに掲載された企業に物品やソフトウエア、生産技術、開発技術を輸出する場合は商務省の許可が必要となる。とはいえ、その申請は原則却下されるというたいへん厳しいものだ。エンティティリストに入れられたなら、アメリカとのビジネスは一巻の終わりである。

事業内容・事業領域
宇宙、ミサイル分野。1956年に設立された国防部第五研究院が前身
宇宙、ミサイル分野。1956年に設立された国防部第五研究院が前身
軍用機、民生用航空機。1993年に国務院の一部だった航空航天工業部を分割した中国航空工業総公司が前身
電子・情報通信分野
中国国内の有力なIT企業を統括しており、現在14の上場会社を含めた60以上の子会社を管理
中国兵器装備集団公司と同一企業
船舶分野。2019年11月中国船舶重工集団と中国船舶工業集団が経営統合し、中国船舶集団有限公司（China State Shipbuilding Corporation Limited）となった
同上
銃器、弾薬の開発、製造、及び装甲車、戦車、無人偵察機等の航空機、ミサイル、水陸両用車、爆弾等の軍事製品の製造等
中国核工業集団公司グループ内の一社。中国最大の原子力発電会社
大手通信機器メーカー
④中国電子科技集団の孫会社。監視カメラ等
サーバー等を扱う、ソフト開発も
国有航空エンジン技術開発と製造企業グループ
中国鉄道建築総公司の子会社
世界最大の鉄道車両メーカー
携帯電話等を製造。北朝鮮で合弁事業

図3　中国共産党人民解放軍関連企業（2020年12月現在）

		英文名	和文名
軍事企業集団（軍事コンツェルン）	①	China Aerospace Science and Technology Corporation	中国航天科技集団公司
	②	China Aerospace Science and Industry Corporation	中国航天科工集団公司
	③	Aviation Industry Corporation of China	中国航空工業集団有限公司
	④	China Electronics Technology Group Corporation	中国電子科技集団公司
	⑤	China Electronics Corporation	中国電子信息産業集団有限公司
	⑥	China South Industries Group Corporation	中国南方工業集団公司
	⑦	China Shipbuilding Industry Corporation	中国船舶重工集団公司
	⑧	China State Shipbuilding Corporation	中国船舶工業集団公司
	⑨	China North Industries Group Corporation	中国兵器工業集団有限公司
	⑩	China National Nuclear Power Corp.	中国核能電力股份有限公司
	⑪	Huawei Technologies Co	ファーウェイ
	⑫	Hangzhou Hikvision Digital Technology Co	ハイクビジョン
	⑬	Inspur Group	浪潮集団有限公司
	⑭	Aero Engine Corporation of China	中国航空発動機集団有限公司
	⑮	China Railway Construction Corporation	中国鉄建股份有限公司
	⑯	CRRC Corp.	中国中車股份有限公司
	⑰	Panda Electronics Group	パンダグループ

事業内容・事業領域
スーパーコンピュータ
移動体通信事業者
国務院国有資産監督管理委員会下の原子力企業
有線電気通信、中国3位のモバイル通信プロバイダー
総合土木工事請負、土木設計及びプロジェクトマネジメント役務提供。港湾機械・設備の製造
①中国航天科技集団公司の下部組織
衛星の研究・製造・アプリケーション
通信事業者。通称「聯通」
化学・石油化学プラント、製薬工場、発電所および石炭関連施設を建設
国有総合化学メーカー
エネルギー、化学工業企業。業務範囲はその他、農業、不動産、金融等の分野にも及ぶ
中国建築股份有限公司の親会社
中国国営電力会社
原子力プロジェクトの建設サービスを提供
国有石油・天然ガス会社
半導体ファウンドリ会社
鉄骨構造産業グループ
エンジニアリングコンサルティング会社

[アメリカ国防総省が2020年6月24日付で議員宛て書簡で明示した「中国共産党系軍事企業」リストおよび8月28日ならびに12月2日に同リストに追加されたリスト他各種資料より筆者作成]

図3　続き

	英文名	和文名
⑱	Dawning Information Industry Co.	中科曙光
⑲	China Mobile Communications Group	中国移動通信集団有限公司
⑳	China General Nuclear Power Corp.	中国広核集団
㉑	China Telecommunications Corp.	中国電信股份有限公司
㉒	China Communications Construction Company	中国交通建設股份有限公司
㉓	China Academy of Launch Vehicle Technology	中国運載火箭技術研究院
㉔	China Spacesat	中国東方紅衛星股份有限公司
㉕	China United Network Communications Group Co Ltd	中国聯合網絡通信集団有限公司
㉖	China National Chemical Engineering Group Co., Ltd.	中国化学工程集団有限公司
㉗	China National Chemical Corporation	中国化工集団有限公司
㉘	Sinochem Group Co Ltd	中国中化集団有限公司
㉙	China State Construction Group Co., Ltd.	中国建築集団有限公司
㉚	China Three Gorges Corporation Limited	中国長江三峡集団有限公司
㉛	China Nuclear Engineering & Construction Corporation	中国核工業建設股份有限公司
㉜	China National Offshore Oil Corp.	中国海洋石油集団有限公司
㉝	Semiconductor Manufacturing International Corp.	中芯国際集成電路製造（SMIC）
㉞	China Construction Technology Co.	中建科工集団
㉟	China International Engineering Consulting Corp.	中国国際工程諮詢

さて、軍事企業集団の傘下にある子会社の中には、民生品だけを扱う子会社がある。これはつまり、軍事技術を転化して民生品を製造販売するという中国独特の産業構造に基づく。

実はここに騙される日本企業が多い。中国独特の産業構造を知らないから、取引先が民生専門企業だと思い込んで取引を行ってしまう。その結果、この子会社を通じて親会社へ軍民両用技術が筒抜けになり、知らない間に中国の軍民融合戦略に取り込まれ、結果的に中国の軍備拡張に手を貸してしまうことになるのである。これが、日本企業が陥りやすい軍民融合政策の罠である。

中国は2005年に民生部門企業の軍事産業への参入を解禁している。「軍事四証」という資格制度を確立させて、資格を持つものは人民解放軍との直接取引ができるようにしたのだ。軍事四証は次の四つの資格からなる。

1 **武器装備質量管理体系認証資格**——武器装備品の研究開発・製造などの関連任務を引き受ける能力と品質管理システムがあることを証明するもの。

2 **武器装備科研生産単位一級保有資格**——国家機密に関わる武器装備品の科学研究や生産活動に従事する組織であることを証明するもの。

3 **武器装備科研生産許可証**——武器装備品の科学研究や生産活動に従事する組織である

ことを証明するもの。

４　装備認証単位資格——人民解放軍と兵器や武器装備品の売買契約を直接結ぶ上で必須となるもの。

これはまさに軍民融合政策を象徴するものだと言えるだろう。つまり、いくら民生企業の顔をしていても、軍事四証を取得している限りは武器兵器を製造する意思があるということだ。相手は、民生として取引したはずの製品や技術を軍事転用して人民解放軍と取引する権利を制度として持っているのである。中国において「軍民両用技術は軍事転用されたり、兵器と化した製品が第三国に輸出されたりすることはない」という日本側の仮定は、すでに明確に崩れ去っているということに他ならない。

そして、ここがさらに重要なポイントなのだが、軍事四証は企業体にのみ発行されるものではない。学校という機関もまた、軍事四証を取得して軍需産業に参入している。

●中国の軍需産業構造

軍事四証という資格制度、そして、その資格をもとに教育機関もまた軍需産業に参画しているという事実をもって、中国の軍需産業構造の全貌がいよいよ見えてくる。**図４**は、それをチャートに展開したものである。あまり目にすることのない内容であるはずだ。

日本と異なり中国には、人民解放軍の兵器開発で重要な役割を担う「兵器開発大学」とも呼ぶことのできる大学がある。日本の大学とはまったく違う実態を知らないと現状を見誤る。

続いて、中国の学術界と軍民融合政策について話をしよう。まずは中国共産党があり、中央軍事委員会がある。その下に、人民解放軍、軍事科学院、国防大学、国防科技大学という組織がぶら下がっている。

人民解放軍に武器を納入しているのが軍需企業集団である。軍事四証を取得することによって、民間企業も人民解放軍と直接取引を行っている。

そして、もう一つ、武器の開発に重大な役割を果たしている組織がある。それが、大学だ。中国の「高校」は日本でいう「大学」に当たる。

大学は軍需産業構造において、どのように統治されているのだろうか。国務院の下に、国家国防科技工業局という機関がある。国家機密としてその機能の詳細は明らかにされていないが、軍事政策を立案して予算取りをする局である。

この国家国防科技工業局に統治される学校として、国防七校、中央政府管轄の共建高校16校、地方政府管轄の共建高校26校という三つのグループがある。

三つのグループの代表格が「国防七校」である。北京航空航天大学、哈爾浜《ハルビン》工業大学、北

図４　中国の軍需産業の構造

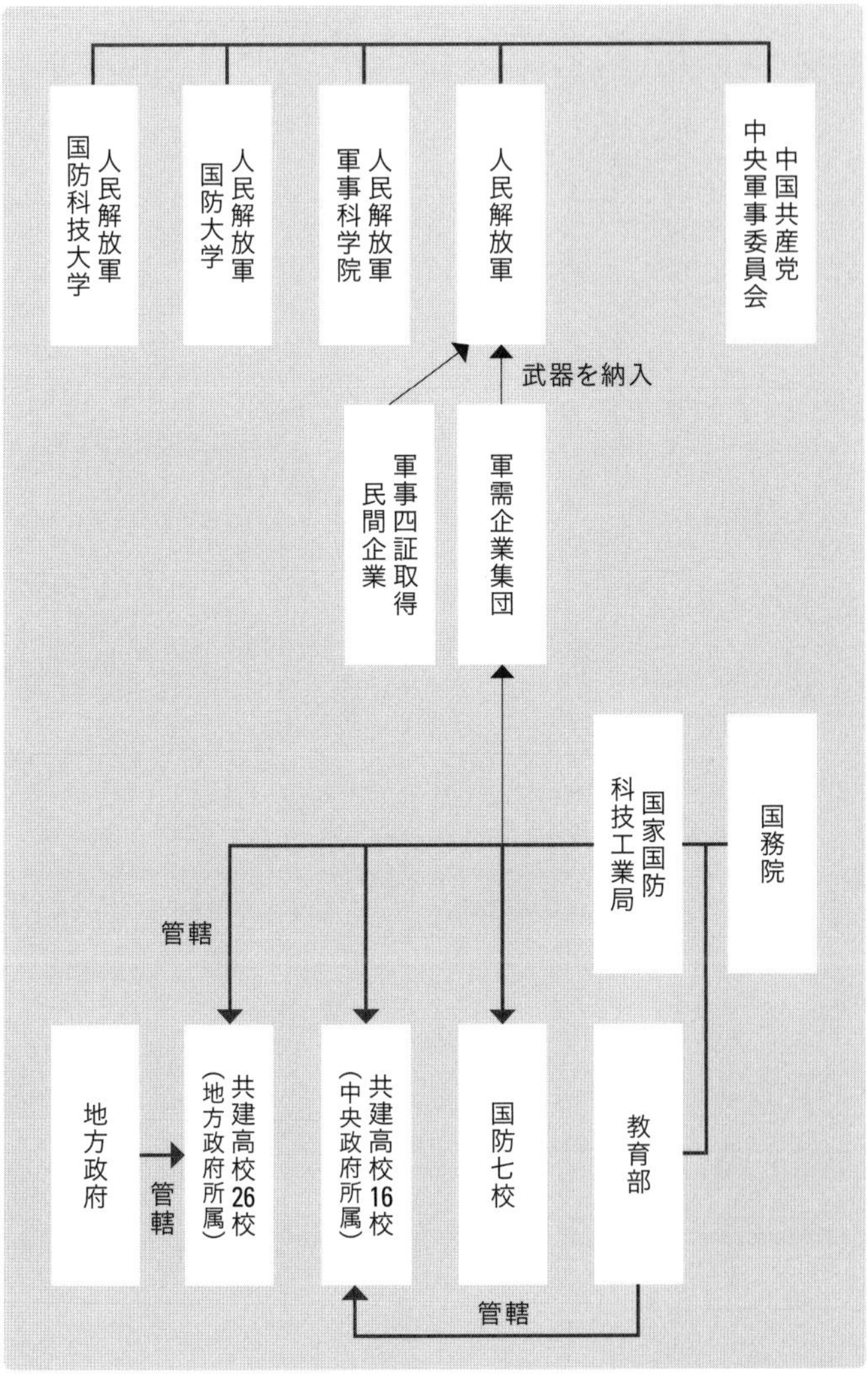

［産政総合研究機構
『中国の軍民融合動向と関連組織 2016-2017』より筆者作成］

京理工大学、哈爾浜工程大学、南京航空航天大学、南京理工大学、西北工業大学の七つであり、いわゆる一軍の国防大学である。大学と言っても日本の大学と違い、軍民融合政策の中国では、大学が近代兵器の開発に重要な役割を果たしている。共建高校16校は準国防大学に当たり、国務院の教育部が直轄するとともに国家国防科技工業局もまた管理している。

これら16校とは、北京大学、清華大学、北京化工大学、天津大学、吉林大学、上海交通大学、東南大学、浙江大学、山東大学、武漢大学、華中科技大学、武漢理工大学、湖南大学、四川大学、電子科技大学、西安電子科技大学である。

そして、中央政府ではなく地方政府が面倒をみている準国防大学として、共建高校26校がある。

国防七校は、軍事四証のうち「装備認証単位資格」と「武器装備科研生産単位一級保有資格」を取得して、人民解放軍と直接軍事技術開発契約を締結し、機密度の高い兵器や武器装備品を研究開発している兵器開発大学である。

例えば、西北工業大学、南京航空航天大学、北京航空航天大学の3校は軍事ドローン開発の中心的役割を果たし、彼らが開発したドローンは中国軍に実戦配備された。西北工業大学は人民解放軍に1500機以上のドローンを納品したとされる。この場合のドローンとは、日本で見るラジコン飛行機が進化したような玩具ではない。人を殺傷することを目的とする無人爆撃機だ。こうした中国の大学の実態は日本ではほとんど知られていない。

２０２０年11月には共同通信が、《中国人民解放軍と関係があり、軍事関連技術研究を行う同国の７大学と日本の国公私立大計45校が学術・学生交流協定を結んでいる》と国防七校について取り上げた。


《（筆者注・日本の大学45校のうち）９校に共同研究の実績があった。民間研究を兵器開発に用いる「軍民融合」を進める中国の知的財産窃取が問題視され、日本の研究現場からの流出が懸念される中、協定を見直す可能性があると答えた大学は３割超の16校。学問の国際化を重視する大学が困難な対応を迫られている実態が明らかになった》

記事によると京都大学など7校は共同研究の有無について回答しなかったそうだが、国防七校との間で公表できない共同研究をしているのだろうか。

また、文科省はこれら日本の大学と中国の国防七大学との交流について、「特別な注意喚起はしていない」と説明したという。

アメリカではすでに、国防七校への軍民両用技術の流失に対策を取り始めている。２０２０年にはエンティティリストが2回見直され、七校すべてがリストに追加されている。

この意味は非常に大きい。

軍事開発にはさまざまなコンピュータ・ソフトウェアの活用が必要だ。ソフトウェアのほとんどは欧米製であり、ライセンス契約を結んで初めて使用できる。両大学はエンティティリストに追加された結果、開発元のマスワークス(ＭａｔｈＷｏｒｋｓ)からライセンスを停止され、「マトラボ(ＭＡＴＬＡＢ)」というアメリカの数値解析ソフトウェアを利用できなくなった。

アメリカは、建築や機械設計に必要な「ＡｕｔｏＣＡＤ」、車両運動機構解析ソフトの「Ａｄａｍｓ」、車両運動シミュレーションソフトの「ＣａｒＳｉｍ」といった軍事開発研究に必須とされる重要ソフトウェアをほぼ独占している国である。エンティティリストへの追加によって、中国の大学ならびに企業は軍事技術開発で深刻な打撃を受けることになるだろう。

日本の経済産業省はアメリカの規制対象となった大学との共同研究は「支障となりうる」としているが、輸出管理のあり方は大学の判断に委ねられているのが現状とのことである。

●「国防七校」からの留学生

まず、日本の大学や研究機関は軍民両用技術を扱っているということを強く認識する必要がある。客観的に見てもその通りであるし、中国側の超限戦の観点から見れば、是が非でも奪取したい技術ばかりである。

しかし、日本の大学や研究機関はおしなべて警戒心が薄い。経済界と同じく「中国において軍民両用技術は軍事転用されたり、兵器と化した製品が第三国に輸出されたりすることはない」という仮定の下にいまだある。研究交流協定を結んでいる中国の大学が日本で学んだ技術を軍事技術開発に使うのは半ば常識であることを認めず、いずれ日本の安全保障を脅かすだろうことを無視する。

経済産業省が、大量破壊兵器などの開発などへの関与が懸念される企業・組織が掲載された「外国ユーザーリスト」を発行していることをご存じだろうか。明らかに問題がない場合を除いて、このリストに掲載された企業や大学などへ輸出や技術開示を行う場合には、経済産業大臣の許可が必要である。

そして、この「外国ユーザーリスト」には国防七校である北京航空航天大学、哈爾浜工業大学、西北工業大学が含まれている。

図5は、国防七校と提携する日本の大学をまとめたものである。実にこれだけの数の日本の大学が、人民解放軍の兵器開発を担う国防七校と提携関係にある。

問題は、どれくらいの人数が日本にやって来ているかだろう。私と同様に国防七校に危機感を持つ自民党の長尾敬衆院議員が、その実態を文部科学省に問い合わせた。

２０１７年度は、国防七校から１７２人の中国人留学生が来日する一方、日本から国防七校へ留学した人数は80人だったことが明らかになった。経産省の「外国ユーザーリスト」において大量破壊兵器などの開発などへの関与が懸念される組織として名指しされている哈爾浜工業大学からの留学生が75人おり、国防七校からの留学生全体の４割以上を占めていることもわかった。受け入れ先の日本の大学は、関東地方の私立大学、中部地方と九州の国立大学が最も多く、２桁以上となっている。同じく「外国ユーザーリスト」に入っているミサイル開発を行う北京航空航天大学からも27人の留学生を受け入れている。

アメリカ製のソフトウェアの使用ライセンスを停止された国防七校の学生が、ソフトウェアを使って研究を続行するために日本の提携大学にやって来ることも想定できる。軍民融合政策に組み込まれた国防七校の構造的性格を考えれば、彼らは日本の大学と研究機関を活用して軍民両用技術の研究を行っている可能性が高いと考えるべきだろう。

もちろん、大学間の提携は大学や研究者が当事者である。しかし、中国の軍事兵器開発の中核である国防七校が対象なのであれば、これはもはや安全保障問題として国家レベルの案件として考えるべきだ。

中国の大学すべてがそうであるとは言わないが、少なくとも国防七校との交流は、我が国に由来する軍民両用技術が軍事転用され、日本の安全保障を脅かす結果につながりうると考

図5　中国の「国防七校」と提携する日本の大学

中国の大学名	国公立大学	私立大学
北京航空航天	東北、筑波、東京、新潟、大阪、岡山、広島、徳島、九州	工学院、立命館
哈爾浜工業	東京工業、北海道、東北、東京、新潟、神戸、佐賀、熊本、国際教養、会津、高知工科	千葉工業、上智、桜美林、早稲田、中部
北京理工	宇都宮、埼玉、千葉、東京工業、電気通信、名古屋、名古屋工業、三重、京都、香川、九州、高知工科	千葉工業、大東文化、中央、東京工科、東洋、名古屋商科、立命館、神戸芸術工科
哈爾浜工程	北海道、電気通信、京都、岡山、香川、高知工科、大阪府立	
南京航空航天	東北、名古屋、高知、北見工業	
南京理工	北海道、九州	創価、東京理科、福岡工業
西北工業	千葉	芝浦工業、東京理科、法政、武蔵野

［文部科学省『海外の大学との大学間交流協定、海外における拠点に関する調査結果』（令和２年４月30日改訂）他より筆者作成］

えるのが当然である時期に来ている。我が国の高等教育機関が中国による軍民両用技術不正移転の抜け穴になっている可能性が多分にあるのだ。これは、同盟国であるアメリカの不信を招く。

●中国人留学生や研究者による技術流出

大学という教育機関が軍需産業構造に組み込まれている状況においては、もう一つ、非常に大きな問題がある。中国人留学生及び研究者による技術流出だ。アメリカにおいて報道された実例をいくつか、紹介しておこう。

【人民解放軍将校によるニセ留学生事件】

2020年1月、米司法省は葉燕青という人民解放軍中尉を刑事起訴した。葉燕青は学生ビザでボストン大学に留学していた。同大学の物理研究所に勤めるために学生ビザの延長を申請した際、アメリカの審査官が背景を調査し、葉燕青が現役の人民解放軍中尉であることが発覚した。

軍位を隠して学生ビザを申請していた葉燕青には、人民解放軍直属の国防技術大学で仕事をする2人の協力者がいた。そのうちの1人は「ロケット発射装置に関する軍事研究プロジェクト」に参加している人物であり、もう1人は人民解放軍大佐で国防技術大学の教授である。

葉燕青はこの2人の人物から、米軍の各サイトの調査や米軍の研究文書の中国への送付、葉燕青のアカウントを利用して中国からボストン大学のネットワークにアクセスするためのセッティング、買収ターゲットとなりそうな米海軍大学の教授の調査などを指示されていた。

葉燕青はまた、中国のSNSである微信（WeChat）で「人民解放軍による米軍軍事戦略データの解読とリスク評価」に関する研究論文について議論もしていた。

葉燕青が行ったのは、不正な技術移転及びアメリカにおける情報提供者の発掘だった。彼女はその後、中国に逃亡し、逮捕を免れている。

【帰化中国人研究者による細胞サンプル流出事件】

アメリカに帰化した中国人が中国に知的財産を流出させるというきわめて深刻な事件も起こっている。

『ボストン・グローブ』誌によれば、2019年11月、鄭肇松という医療研究者が、小瓶に入れた細胞サンプル21点を中国に密輸しようとして刑事告発された。鄭肇松は2017年にビザを取得してハーバード大学に留学し、アメリカ国籍を取得した後、2018年からハーバード大学の教育病院ベス・イスラエル・ディーコネス医療センターでがん細胞の研究者として勤務していた。

税関当局が、出国しようとした鄭肇松の荷物を検査したところ、荷物の中からセロハンに包まれて靴下に詰められたバイアル（注射剤を入れるための容器）が見つかった。鄭肇松は逮捕され、研究室で働いていた鄭氏のルームメートの証言により、バイアルには癌細胞が含まれているということがわかった。

鄭肇松は、ベス・イスラエル・ディーコネス医療センターからバイアルを盗んだことを認めた。いくつかのバイアルには、無許可で複製された同僚研究者の研究サンプルが含まれていた。

鄭肇松の所持品から、先に中国に帰国した研究者が所有していたラップトップＰＣが見つかったことから、ＦＢＩは、「鄭肇松と他の中国人研究者が協力して研究室の先端技術を中国に密輸した」としている。

鄭肇松は犯行の動機について、「元働いていた中国の研究室に標本を持ち込んでさらに調査を行い、論文を発表して功績を認めさせる計画を立てていた」と語っている。ＦＢＩの見立ては「鄭肇松がベス・イスラエル・ディーコネス医療センターに勤務したのは偶然ではなかった。おそらく中国政府に代わって知的財産を故意に収集していた」というものである。

【千人計画に参加し虚偽と詐欺容疑で逮捕されたハーバード大学学部長】

２０２０年1月28日、ハーバード大学の化学・化学生物学部学部長チャールズ・リーバー教授が米捜査当局に逮捕された。日本でも報道された事件だ。リーバー教授はナノテクノロジー分野の世界的第一人者として知られる高名な人物である。

リーバー教授は中国の千人計画に参加していた。リーバー教授と中国との主な契約内容は次の通りであると報道されている。

①　武漢理工大学で化学研究を実施する。
②　武漢理工大学の名前を使い、有名な国際学術雑誌に高レベルの論文を発表する。
③　武漢理工大学で研究グループを設立し、研究革新に貢献する。
④　武漢理工大学で４人以上のポストドクター（博士研究員）学生の国際学術誌への論文発表を支援する。
⑤　武漢理工大学主催で、国際的に重要な影響を与える一つまたは二つの国際会議を開催する。
⑥　「武漢理工大学ハーバード共同ナノテクノロジー研究所」に、１～３人の国際的なトップレベルの科学者を招待し、実験の仕事に就かせる。

リーバー教授は、武漢理工大学に2012年から2017年まで「戦略教授」として所属し、3年間、毎月5万米ドルの給料に加え、年間15万米ドルの生活費を支給されていた。また、それに加えて「武漢理工大学ハーバード共同ナノテクノロジー研究所」設立費として150万米ドル以上の資金を受け取っていた。

リーバー教授はこうした破格の待遇について、国防総省に「千人計画に加わるよう求められることはなかった。中国側が自身をどのような所属にするのか不明だ」と報告した。

リーバー教授は、中国の研究機関との関係についての米政府機関への開示を怠ったとして、重大な虚偽、詐欺の容疑で逮捕され、刑事起訴された。

【所属大学を虚偽の理由で休職し千人計画に参加】

2020年3月、ウェストバージニア大学の物理学科の元教授で、石炭転換技術に応用される分子反応を専門とするジェームズ・P・ルイス博士が逮捕された。ルイス博士は、2017年7月に千人計画に参加し、中国国立研究所の最高峰とされる中国科学院と雇用契約を結んでいた。中国科学院所属の研究者として論文を発表し、科学院に在籍する大学院生に講義を行うのが仕事である。

実はルイス博士は、中国科学院での仕事を引き受けるため、ウェストバージニア大学に対して「妻の妊娠と生まれたばかりの子供の世話」という虚偽の申告をし、有給休暇を不正取得していた。ウェストバージニア大学からも給料を受け取っていたということになる。自国の公立大学を騙して、中国の科学機関で職務を遂行できるようにしていたのだ。

中国機関との契約は米当局に届け出て情報開示しなければならない。ルイス博士はこれを行わなかったために詐欺容疑で刑事起訴された。

【その他続々と千人計画関係者を摘発】

２０１９年5月、ジョージア州のエモリー大学に在職していた李暁江と李世華という夫婦の研究者が同大学を解雇され、研究室が閉鎖になるという事件があった。研究室に所属する数人の中国人研究者も同時に解雇され、30日以内に中国へ帰国することを命じられた。

李暁江と李世華は、遺伝子編集技術を使用したハンチントン病治療研究の権威で、アメリカ国立衛生研究所から資金提供を受けていた。

李暁江は千人計画に参加し、２００８年に華中科技大学の客員教授に就任している。李暁江と李世華は、エモリー大学で完成させた医学研究成果を中国の研究機関や大学に渡したとされ、外国政府からの資金提供の隠蔽、技術の海外移転などの疑いで解雇されたのである。

また、２０２０年5月には、アーカンソー大学の洪思忠教授が通信詐欺の疑いで逮捕された。ＮＡＳＡ関連研究資金の提供を申請する際、中国政府や中国企業とのつながりを隠していたのである。洪思忠教授は同大学の電気工学部門で高密度エレクトロニクスセンターの所長だったが、千人計画に参加していることを隠していた。アーカンソー大学は洪教授を停職処分とし、ＦＢＩの調査に協力している。

ここで紹介したのはほんの一例に過ぎない。アメリカは２０２０年に入ってからさらに学術界ないし研究機関を介しての中国への技術流出、知的財産流出に神経質になっている。２０２０年5月、米紙ニューヨーク・タイムズが「アメリカ政府はアメリカ国内に滞在する一部の中国人の留学生や研究者の査証（ビザ）の効力の停止を検討している」と報じて、人種差別を含め、さまざまな観点から話題になった。対象は人民解放軍の影響下にある大学（国防七校など）に関係する大学院生や研究者とし、ビザの停止を受ける人数は、アメリカに36万人いる中国人留学生のうち約３０００人に及ぶ。

実際にこの方針は実行に移され、アメリカ国務省は6月以降すでに１０００人を超える大学院生及び研究者のビザを停止したと、9月に発表した。すべて国外退去であり、該当者が海外にいる場合にはアメリカに戻ることはできなくなる。

当時のトランプ大統領は、アメリカ由来の技術が中国で軍事転用されないように有効な手を多く打ってきた。日本の国益にも合致する。しかし、その功績を報道する日本のメディアは皆無だった。

イギリスも留学ビザの扱いを厳格化した。英紙タイムズ２０２０年10月１日付によると、イギリス政府は、外国人大学院生の受け入れ管理規定である「アカデミック・テクノロジー承認計画（ＡＴＡＳ＝Academic Technology Approval Scheme）」に基づき、10月１日からイギリスの大学院で国防や軍事技術などを学ぶ外国人に対して、審査を強化した。また、審査対象である外国人学生の研究分野範囲を拡大した。

今後、航空宇宙、人工知能、サイバーセキュリティ、物理学（原子力物理学を含む）、コンピュータ科学など、イギリスの国家安全保障に関わる44の分野で研究を希望する中国人学生は、ビザ発給を拒否される可能性が高くなった。また、すでにビザを取得した留学生についても、安保上のリスクがあると認められる場合、ビザを無効にするという。

オーストラリア戦略政策研究所は報告書「The China Defense Universities Tracker」の中で、《２００７年から２０１７年の10年間に、人民解放軍は２５００人以上の科学者を海外の大学に派遣した。この一部は、民間人になりすました》と述べている。

同じ研究室にいる中国人留学生が、実は中国軍から送り込まれた工作員だった……、こんなスパイ映画の1シーンのようなことは現実に起こりうるのである。

一方、日本の状況はどうだろうか。実に少なくない数の中国人留学生が、人民解放軍の兵器開発を担う国防七校及び各共建高校から日本の大学に数百人単位で送り込まれているという事実がある。独立行政法人日本学生支援機構の調査によれば、2019年5月現在の外国人留学生の人数は31万2214人で、中国からの留学生はそのうちの4割を占める12万4436人となっている(**図6**)。

中国人留学生が増加の一途をたどってきた背景の一つには、少子化で経営に苦しむ日本の大学が、減少した日本人学生の穴埋めに留学生を呼び込むという事情がある。多くの外国人留学生は真摯に学問に取り組んでいる。

しかし、一部においては、先のアメリカの実例のように中国軍関係者が軍民両用技術を取得するために留学生になりすまして大学や研究所に入り込んでいるといった可能性は排除できないし、排除すべきではない。日本でも西側諸国に歩調をあわせ、留学生ビザ審査を厳格化しなければ、大きな穴ができる。

2020年10月5日の読売新聞はこう報じた。政府は来年度から、大学への留学生や外国人研究者らにビザ(査証)を発給する際、経済安全保障強化の観点から審査を厳格化する方針を固めた。国家安全保障局や外務、法務、経済産業、防衛各省などが疑わしい人物につい

図6　国地域別留学生数上位５か国

国（地域）名	留学生数（人）		前年度比増減	
	2019年度	2018年度	人数（人）	増減率（%）
中国	124,436	114,950	9,486	8.30%
ベトナム	73,389	72,354	1,035	1.40%
ネパール	26,308	24,331	1,977	8.10%
韓国	18,338	17,012	1,326	7.80%
台湾	9,584	9,524	60	0.60%

［日本学生支援機構（JASSO）『2019 年度外国人留学生在籍状況調査』］

ての情報を共有し、ビザ発給業務を担う在外公館でも活用できるシステムを構築する方向だ。

●学術界が安全保障の抜け穴に

先端技術の開発、また海外との知的交流を行うのが大学及び研究機関の使命である。優れた技術は当然、軍事転用すべき技術として狙われる。日本にはそうした技術が豊富に存在する。したがって、我が国の大学と研究機関発の技術が大量破壊兵器やテロ活動などに転用されたり、「懸念国」の軍拡に利用されたりするのを防止することは、国家の責任である。

これは外国為替及び外国貿易法（外為法）などの法令遵守に留まらない、その枠を超える重要な問題だ。特に人民解放軍の兵器研究開発で重要な役割を担う国防七校と共同研究を行うのであれば、そこには厳格な技術管理と軍事転用防止策が必要である。

外為法は企業だけでなく大学や研究機関に輸出管理体制を整備することを義務付けている。規制技術について「①居住者から非居住者に提供することを目的とする取引」や、「②技術提供者や相手先が居住者、非居住者を問わず、外国において提供することを目的とする取引」をする場合は、経済産業大臣の許可が必要である。また、これらの取引に関する規制を補完するため、技術提供者や相手先が居住者、非居住者を問わず、「③規制技術を持ち出す行為」「④規制技術の電子データの外国への送信行為」にも許可が必要となる。

2015年には、不正競争防止法が改正され、他国並みの規制強化が行われた。その翌年には、「大学における秘密情報の保護ハンドブック」も公表された。規制技術の不正移転を防止するためには、この不正競争防止法の適用を徹底することも必要になるだろう。

経済産業省が作成した「安全保障貿易管理と大学・研究機関における機微管理」によると、2019年6月時点で、安全保障貿易管理の内部規定を設けた大学と研究機関は、全体の45％にとどまっている。この数字は低すぎる。大学と研究機関において研究用の資機材（外為法上の貨物）の輸出と技術（外為法上の役務）の提供に関して法令に即した対応が求められている以上、期限を設けて、対象となる全大学と研究機関に内部規定を設定させるべきだろう。

すでに対応している大学もあることは承知している。外為法違反に問われないようにするためにも、大学と研究機関に「輸出者等遵守基準（外為法第55条の10）」の徹底を図ることが不可欠である。制度があっても、厳格に運用されなければ意味がない。また、教授だけではなく、留学生を含む学生にも輸出者等遵守基準に関する説明を行う必要があるだろう。関係者全員に対して外為法規制の周知徹底と問題意識の共有を図ることが重要だ。

日本には、１９８７（昭和62）年の「東芝機械ココム事件」、次章で触れることになるが２００５（平成17）年ヤマハ発動機の無人ヘリ不正輸出事件、２００７（平成19）年の自動車部品メーカー・デンソーで起きた情報漏洩事件などの苦い経験がある。このため、輸出企業においては、自社の製品や技術が中国や北朝鮮、イランなどの懸念国に渡り、大量破壊兵器などの開発・生産に利用される事態を未然に防ぐ外為法への対応組織ができている。

兵器やその材料、関連技術などが懸念国に渡れば、軍事バランスは危険な方向へと変わる。そのため国際社会は、核や生物・化学兵器、ミサイルなどさまざまな分野で流出防止策を取り決めている。日本は外為法による規制で流出を防止している。企業がこれを破れば、国内外から厳しい制裁措置を受けることは当然だ。外為法違反は、法人の場合、最大で罰金10億円、個人でも最大で罰金３０００万円、懲役10年である。

その一方で、大学と研究機関の情報流出対策は、企業に比べて大幅に出遅れているのが現実だ。企業と同様に軍民両用技術を扱っているにもかかわらず、である。巨大な「抜け穴」

になっている可能性が高いのである。

同盟国であるアメリカは、学界経由の軍民両用技術流出に対してさらに真摯に取り組み、留学生になりすました人民解放軍関係者の摘発にいよいよ力を入れ始めた。アメリカに勝るとも劣らない技術力を持つ日本において、同様の事態が起きていないと考える方がむしろ不自然である。

まずは、日本の大学に留学した国防七校からの留学生が、日本の大学で何を研究していたのかを徹底調査し、軍民両用技術を研究していなかったかを調査することから始めるべきだ。違法違反があれば摘発し、これまで管理されてこなかった暗部に光を当て、メスを入れることが必要だろう。

●日本学術会議の矛盾

２０２０年の後半にいわゆる任命拒否問題で話題になった日本学術会議は、内閣府に属する行政機関である。日本学術会議は《内閣総理大臣の所轄の下、政府から独立して職務を行う「特別の機関」として設立》された、《我が国の人文・社会科学、生命科学、理学・工学の全分野の約87万人の科学者を内外に代表する機関》であると公式サイトで説明されている。

日本学術会議は２０１７年３月、「戦争を目的とする科学の研究は絶対にこれを行わない」

とする１９６７年の同会議の方針を踏襲する「軍事的安全保障研究に関する声明」を決定した。防衛省が防衛と民生双方に応用可能な技術の研究を推進する目的で２０１５年度に創設した「安全保障技術研究推進制度」に関しても、「政府による研究への介入が著しく、問題が多い」としている。

つまり、日本学術会議は、日本の科学者を代表する機関として、「わが国の大学と研究機関は自国の防衛技術の向上に協力しない」と宣言している。ひとまず、それはいいとしよう。

ところが、先ほど出てきた人民解放軍の兵器開発で重要な役割を担う国防七校に着任する日本人研究者がいることも事実だ。

２０１９年４月25日の毎日新聞は、国防七校の一つであり、中国のミサイル開発の一大拠点である北京航空航天大学の特別教授として、宇宙核物理学を研究する梶野敏貴氏が着任したという記事を掲載した。同氏は２０１６年に千人計画の対象に選ばれている。一方で梶野氏は、日本学術会議の特任連携会員として第45回幹事会議事次第に名前が出ている。

また、２０１９年７月１日には、日本学術振興会北京研究連絡センターのウェブサイトに北京航空航天大学の土井正男教授が登場している。土井氏は２０１２年に東京大学を定年退職し、２０１３年から北京航空航天大学の外国人教授になっている。土井氏の名前は、第22期日本学術会議連携会員名簿（平成23年10月）に記載されている。

彼らが軍事研究に直接的間接的に協力し、人を殺傷するためのミサイル開発に協力しているとは思いたくない。

さらに、日本の大学が国防七校から留学生を受け入れ、軍民両用技術を教えている可能性について、日本学術会議はどう説明するのだろうか。帰国した留学生が日本由来の技術を中国の兵器近代化に転用するなら、中国の軍事開発に間接的に加担しているということになる。「戦争を目的とする科学の研究は絶対にこれを行わない」という方針と矛盾し、自国の軍事研究は拒否して中国の軍事研究に手を貸したということに他ならない。

当たり前のことだが、我が国の防衛技術の開発に協力しない日本の大学と研究機関が、我が国を標的にする中国のミサイル開発に研究開発を通じて間接的に加担することは許されない。留学生を装った軍関係者を受け入れるのであれば、厳しく非難されるべきであろう。

我が国の科学者を代表する日本学術会議が、日中大学間の軍民両用技術研究が中国で軍事転用されるリスクを認識し、十分な管理を行ってきたとは思えない。学術界は、外為法に定められた安全保障貿易管理を軽視してきた。大学と研究機関に適切な管理を徹底させることを躊躇し、大学と研究機関にいる中国人留学生が、我が国由来の軍民両用技術を外国で軍事転用することを見て見ぬふりをしてきた。こうした指摘に対して日本学術会議はどう反論するのだろうか。

２０２０年４月、国家安全保障局（ＮＳＳ）に経済班が新設された。外為法に基づき、軍民両用技術の移転について欧米諸国と連携して監視を行うようになったのである。しかし、国防七校出身者の留学や中国軍の軍人のなりすまし留学を拒否できなければ、技術が盗まれる可能性は存在し続ける。

留学制度を見直す際には、中国の国家情報法も考慮すべきだろう。中国に国籍を持つあらゆる組織及び個人に情報（スパイ）活動協力を義務付け、国の情報活動に関する秘密を守ることを義務付けた同法第７条は、単なる「スローガン」ではなく中国人が従わなければならない「法律」なのだ。このことを日本人はきちんと認識すべきである。

こうした中国の暴力的な制度設計に対しては、やはり法改正が必要だろう。文部科学省が、国家安全保障局経済班や財務省国際局、経済産業省、警察庁と都道府県警察の公安部門と連携し、留学生が日本から帰国した後に、研究内容を軍事転用することを未然に防止する留学生受入制度を作ることが、自由民主主義陣営の一員として求められているのである。

日本由来の軍事転用技術の流失は西側諸国の安全保障だけでなく日本の安全保障にも悪影響を及ぼす。その防止策を早急につくり上げて実施することは喫緊の課題だ。

●「中国製造2025」とは

2015年5月、習近平は、「中国製造2025」と呼ばれる産業発展政策を発表した。これこそは、国防動員法と国家情報法で下地をつくり、軍民融合政策を絶対の方針として世界から技術を奪い取って基礎を固め、いよいよ超限戦を具現化して推し進めるための第一歩である。

「中国製造2025」は製造強国として世界のトップに立つための初動策である。それによって、《2025年までに先進的な智能分野における核心的な情報機器に係る産業構造と技術イノベーションシステムを確立し、中国産の智能分野の核心的な情報機器が国内市場の60%以上を満たす供給能力を獲得すること》を目指している。

製造強国トップの実現までに中国は次の三つの段階を踏む。

第1段階――2025年までに「世界の製造強国入り」を果たす（「中国製造2025」はこの段階における方針を示している）。

第2段階――2035年までに中国の製造業レベルを、世界の製造強国陣営の中位に位置させる。

第3段階――中華人民共和国建国100周年（2049年）までに、世界の製造強国の先頭グループに入る。

「中国製造２０２５」を経由して、順次、段階を上っていくために、まず中国は次の四つの大方針を掲げる。

１　大規模発展
２　品質・効率
３　構造最適化
４　持続発展能力

中国は現代を、第４次産業革命が進行していると捉え、ＩｏＴ（Internet of Things）による自律化が進んでいると分析する。そして、右記の四つの大方針の下に次の五つの基本方針をぶら下げる。

（１）イノベーション主導の発展戦略の推進
（２）スマート製造を核として推進

（3）基盤技術産業を強化するプロジェクトの実施
（4）製造業のエコ化の推進
（5）ハイエンド装備製造業の振興

そして中国はこの五つの方針を、次の10個の産業分野において展開していくのである。

①次世代情報通信技術（IT、半導体を含む）
②先端デジタル制御工作機械とロボット
③航空・宇宙設備
④海洋建設機械・ハイテク船舶
⑤先進軌道交通設備
⑥省エネ・新エネルギー自動車
⑦電力設備
⑧農薬用機械設備
⑨新材料
⑩バイオ医薬・高性能医療器械

　こうした中国の姿勢はいったい何を意味しているのだろうか。「中国製造２０２５」が意味しているものについては、アメリカがこれをどう捉えたかを見てみるとわかりやすい。アメリカは、中国の「中国製造２０２５」を次のように受け止めた。

「中国の国策は、ＡＩ、５Ｇ通信などの核心的技術が生み出す巨大市場の覇権をアメリカから奪い取ろうとするものである」

「中国は、アメリカの先端技術保有ベンチャー企業投資を積極的に行ってくるだろう」

「ハイテク兵器の頭脳である半導体において、そのロジックを欧米流の設計から中国式の設計へと切り替え、智能化戦争でアメリカより優位に立つつもりだ」

「情報通信技術を悪用し、バックドアを使った機密情報の盗み出しが加速するだろう」

「不正な手段で移転した技術の軍事転用とその実用化がもたらす覇権拡大によって、アメリカの国家安全保障に対する懸念が高まるだろう」

　逆に言えば、つまりはこれが現時点の中国の目論見に他ならない。すべては前出のアメリカの政治学者マイケル・ピルズベリーが著書の中で表現した中国の「The Hundred-Year Marathon（１００年マラソン）」、すなわち２０４９年の「建国１００年」時にはアメリカ軍と並ぶ世界一流の軍を持ち世界の覇権を握ることを想定したロードマップなのである。

人類の歴史を振り返ると、中産階級が増えていけば民主化すると考えられていたが、中国はそうならなかった。むしろ、1989年の六四天安門事件や最近の香港におけるデモ取り締まりなど共産党独裁を強化し、民主主義否定を強めている。

実は「中国製造2025」を発表した2015年当時、習近平はアメリカを甘く見ていたフシがある。当時の米大統領はバラク・オバマだった。オバマはアメリカの軍事予算を縮小しアメリカ軍を弱体化させ、これに呼応するように、中国は軍事費を増やし、米中の軍事格差を縮小した。中国が南シナ海の南沙諸島を埋め立てて人口島をつくり要塞化したことを黙認したのもオバマだ。

だがその後中国は、いわゆる米中貿易戦争が始まった2018年以降、「中国製造2025」を表には出さなくなっている。トランプ政権が展開した対中政策によって、「中国製造2025」にすでに揺らぎが出始めていることは確かなのだ。

2019年以降、アメリカがとったきわめて強硬な対中政策については第3章で詳しく解説していく。その前に、次章で、中国が展開する超限戦に日本がどのように巻き込まれ、日本に何が起きていたかを見ていくことにしよう。

第2章 中国の軍民融合政策に呑まれる日本企業

●中国の「産業補助金制度」

産業補助金制度は、世界のどの国においても実施されている経済政策である。一般的には経済活性化を目的として政府が民間に給付する資金のことを言う。融資とは違い、返済は不要だ。補助金と税優遇措置の二つから構成される制度である。

２０２０年１月、ワシントンで日米欧の貿易担当閣僚が会談し、世界貿易機関（ＷＴＯ）の名の下で産業補助金に関するルール強化案を盛り込んだ共同声明をまとめた。自国の特定産業に対する不当な優遇を取り締まるために補助金の禁止対象を拡大すべきだ、というのである。このルール強化案は２０２０年６月に予定されていた閣僚会議でかたちになるはずだったが、世界的な新型コロナウイルス感染拡大の影響で会議自体が延期となった。

ルール強化案は中国を牽制したものである。笹川平和財団が中国の全上場企業３６８３社の有価証券報告書（年報）を集計したところ、中国政府による２０１８年の補助金総額は１５５１億元（日本円で約2兆４０００億円）だった。２０１３年の８１０億元から、５年間で倍増したことになる。上場企業だけでこれだけの額であり、まったく不透明である非上場企業に対する産業補助金支給額を含めたら、どれくらいの額になるかまったく見当もつかない。

中国の経済システムは、国家が積極的に資本に介入して管理する「国家資本主義」である。

産業補助金制度は、国家資本主義における政府の産業政策の中核をなす根本の制度だ。そしてその方針は、一党独裁体制を堅持し続ける中国共産党が決める。中央政府と地方政府それぞれが、特定の産業分野に属する企業に惜しみなく補助金を支給する。２０１９年12月27日のウォール・ストリート・ジャーナル電子版は以下のように報じた。

《（中国政府から）ファーウェイが受けた補助金、信用供与、税制優遇措置などの金銭的支援を確認し、同社がいかにして最大７５０億ドル（約８兆２０４０億円）もの国家的支援を利用し、ほぼ無名の電話交換機ベンダーから世界最大の通信機器メーカーへと成長したかを初めて明らかにした。そうした支援を武器に、ファーウェイは顧客に寛大な融資条件や競合を30％も下回る価格を提供しているとアナリストや顧客は話す》

産業補助金制度の問題点は制度の不透明さにある。中国政府が制度を見直して、不透明部分を撤廃したと主張したところで第三者は確認できない。日米欧の貿易担当閣僚が産業補助金に関するルール強化案をＷＴＯレベルで確立しようとする理由はそこにあるわけだ。では、なぜ中国の産業補助金が問題なのだろうか。

産業補助金は国際常識として、自国企業の経営健全化、また成長のための研究開発に給付されるものである。しかし中国の思惑は違う。製品の値段を安くして輸出を増やし、外貨を獲得して世界の工場を維持するためにある。中国の産業補助金は、ファーウェイが受け取った産業補助金の事例にもあるように、中国が不当に安い値段で製品を輸出することを可能にし、製品輸入国の競合相手を事業撤退に追い込み、雇用喪失をもたらすことを可能にする。

そうして見事にしてやられてしまったのが日本のパソコン（ＰＣ）である。ダンピング価格で輸出攻撃し相手が弱ったところで、二束三文で技術ごと会社や事業を買い取るのが、中国企業が得意とするパターンだ。

●消えゆく日本ブランドのＰＣ

レノボは、２０１９年に引退した柳伝志が創業した中国のパソコンメーカーである。柳伝志は人民解放軍の軍事電信工程学院で学び、政府系研究機関の中国科学院でコンピュータの仕事に関わった。そして１９８４年に柳氏ら中国科学院の11人が、レノボの前身企業である中国科学院計算所新技術発展公司を立ち上げている。かつてはＬｅｇｅｎｄというブランドでＰＣの製造販売をしていたが、世界市場での商標問題発生を恐れて２００３年にレノボに変更し、翌年には社名も改めた。いまだに中国科学院の実質的な影響下にあるのではないかといわれる企業だ。

レノボは２００４年にアメリカの巨大総合コンピュータ企業・ＩＢＭのＰＣ部門を買収して世界中を驚かせた。ＩＢＭの有名ノートパソコンブランド「ThinkPad」がレノボの「ThinkPad」になってしまった。

では、同様にＮＥＣのＰＣ事業が２０１１年に、富士通のＰＣ事業が２０１７年にレノボに買収されていたことはご存じだろうか。家電量販店などには今もＮＥＣのノートパソコン、富士通のノートパソコンと一緒にレノボのノートパソコンが並んでいるから別物だと思いがちだが、すべて中国のレノボ社グループの会社が製造したものである。次項で述べるが、私はこれを問題だと考えている。

レノボのＰＣは価格が安いことで知られている。インテル社の同じＣＰＵを使い、マイクロソフト社の同じウィンドウズがＯＳとして搭載されているのに、他社のＰＣより圧倒的に安い。「中国の安価な労働力を背景に製品が安くつくれる中国が勝利するのは、市場原理として当然だ」などとつい語られがちだが、実態は違う。

ファーウェイが最大７５０億ドル（約８兆２０４０億円）もの国家的支援を利用し、競合を30％も下回る価格を提供しているという記事を紹介したが、パソコンならどうなるだろうか。

産業補助金の問題点を例を使って説明しよう。例えば、一台のノートパソコンの原価が

8万円だとしよう。当たり前だが、日本の会社は開発費の回収や販売管理費を原価に乗せる必要などがあるから、販売価格は例えば11万円や12万円くらいになるだろう。しかし、産業補助金を受け取る特定の中国企業は原価の8万円で売ることができるのだ。つまり、原価で製品を販売しても、中央政府や省政府から産業補助金が支給されるので、その中国企業は資金繰りがついてしまい、会社を続けることができるからだ。

同じ性能なら安いPCを買うのは当然の消費者心理であろう。産業補助金をバックグラウンドにしたダンピング攻勢に遭い、日本企業のPC事業は赤字を重ねて事業撤退ないし事業売却に追い込まれた。

かつて、日本は世界に冠たるPC生産国だった。懐かしむ人も多いと思うが、日立製作所にはフローラ改めプリウスといったブランドがあり、シャープにはメビウスがあり、東芝にはダイナブックがあり、ソニーにはVAIOがあり、富士通にはFMV、NECにはPC98といった名機の伝統があった。これらは現在、すべて撤退、あるいは中国企業に買収されている。

日立製作所は2007年にコンシューマー向けPCから撤退した。NECは2011年にPC部門をレノボに売却、ソニーは対中国ではないが2014年にVAIOを投資ファンド・日本産業パートナーズに売却した。2016年にシャープがまるごと台湾企業・鴻海《ホンハイ》精密工業に買収されて大きな話題になったのは記憶に新しいところだろう。鴻海は本社を台湾に置くが中国本土由来の企業であり、本格的な事業展開は中国本土で行っている企業である。そして２０１７年に富士通がＰＣ部門をレノボに売却し、東芝のダイナブックは２０１８年、名実ともに台湾企業となったシャープに買収された。

今、純然と日本国内で製造されているＰＣは2社になった。パナソニックが神戸工場で生産しているレッツノートと、長野県飯山市に製造拠点を持つマウスコンピューターの2社だけである。

中国の産業補助金制度がある限り、日本企業は勝負にならないと考えるべきだし、実際、勝負にならなかった。中国企業は、中国共産党のお眼鏡に適えば、つまり軍民融合政策に適合すれば、国策として政府から多額の補助金が支給され、採算意識も資金繰りも気にせずに巨額の投資ができる。日本企業が半導体や液晶などで中国や韓国の企業に負けた原因の一つだと思う。

中国の産業補助金制度は、自らの手元にはない技術を海外からどんどん吸い上げていき、かつ、製品を廉価でばらまいていくことを可能にする。そして、ここにはもう一つ、たいへん深刻な問題がある。デジタル製品、特に中国製のＰＣについては何が仕込まれているかわからない、という問題だ。

●英国諜報機関はレノボを排除

現在のNEC及び富士通のPCがレノボの子会社で開発、製造されていることを、私は理由なく問題だとしているわけではない。当時は誰も、またどのマスコミも注目しなかったが、2013年8月1日、イギリスの新聞・インデペンデント（電子版）が次の見出しの記事を報道した。

《MI6 and MI5 'refuse to use Lenovo computers' over claims Chinese company makes them vulnerable to hacking》（MI6とMI5は、中国企業がコンピュータをハッキングに対して脆弱にしている、との主張から「レノボコンピュータの使用を拒否」している）

つまり、レノボコンピュータは故意にハッキングしやすいようにつくられていることがわかった、という話である。MI6とMI5はともにイギリスの諜報機関の名称だ。MI6は対外担当、MI5は国内治安担当、そして英政府通信本部（GCHQ）の三つからイギリスの諜報機関はできていると言われている。

記事は、MI5とGCHQがテストした結果、リモートアクセスできるよう回路に変更が加えられていることが判明した、としている。また、これを理由に、イギリス、アメリカ、オーストラリア、カナダ、ニュージーランドのいわゆる「ファイブアイズ」で使用禁止命令が出された、ということも伝えている。ファイブアイズとは、前記5国間で安全保障上の機密情報を共有する同盟的な枠組だ。

調査にあたった科学者は、レノボコンピュータで使用されているチップ内に「バックドア」を特定したという。リモートでアクティブ化され、コンピュータを停止させたり、格納したデータにアクセスされてしまう、侵入のための「裏口」だ。

私はこの報道を受けて、情報をどうやって抜くのか、と某大学工学部の教授を含め友人数人に尋ねたことがある。その方法の一つは、半導体の設計の一部にバックドアの回路を組み込んでしまうのだそうだ。半導体の中に入っているのだからなかなか見つけられるものではないということだった。

指摘したいのは、このインデペンデントの報道が2013年のものだということである。NECはすでに2011年にPC部門をレノボに売却していたが、いまだにレノボ傘下になったのにNECのブランドをつけて売り続けている。

この10年間だけでもレノボは、2014年に「Superfish」騒動を起こし、2015年に「ThinkPad」にスパイウェアが仕込まれているのではないかという疑惑が報道された。レノボはデータ送信を認めたものの、「製品改善目的であり、個人を特定することはできない」などと回答している。

２０１９年から中華民国（台湾）政府は、その全部門でレノボのＰＣ使用を禁止している。台湾政府の全部門におけるネットワークサービスや機器での使用が禁止となる中国メーカーは、レノボの他にファーウェイ、ＺＴＥ、ハイクビジョン、ダーファなどだ。

富士通はこういった報道があったにもかかわらず、２０１７年にレノボにＰＣ事業を売却し、レノボのグループに入った富士通の元ＰＣ事業は、いまだに富士通のブランドをつけてＰＣを売っている。

一方、中国製のサーバー製品について、２０１８年10月４日、アメリカの経済誌『ブルームバーグ』が次のタイトルの記事をまずネットに掲載した。こちらはかなり話題になったのでご存じの方も多いだろう。

《The Big Hack: How China Used a Tiny Chip to Infiltrate U.S. Companies》（ビッグハック：いかに中国は小さなチップを使ってアメリカの企業に侵入したか）

記事の内容は、「中国の工場でつくられた、アメリカの大手サーバーメーカー・スーパーマイクロ社製のコンピュータ・サーバーのマザーボードには人民解放軍の工作によってバックドア用の超小型マイクロチップが仕込まれている。マイクロチップはアマゾンやアップルに納品されたサーバーに仕込まれ、中国当局からアメリカ企業に対して大規模なサプライチェーン攻撃（周辺供給網を経由して本来のターゲットを狙うサイバー攻撃）が仕掛けられている。マイクロチップはまた、ＣＩＡや国防総省などの政府機関に納品されたサーバーにも搭載されている」というものだった。

ブルームバーグは２０１５年にはマイクロチップの存在が発見されていたとしているが、当事者であるアマゾン、アップルは報道を否定し、スーパーマイクロも事実無根として記事の撤回を求めた。同月６日にはアメリカ国土安全保障省がアマゾンとアップルの報道否定声明を支持した。

事実がブルームバーグ側にあるのか否定側にあるのかは、２０２０年12月現在、明らかにされていない。当初は技術的にも不可能とされていたが、その後、「製造工程は厳重なものではあるにせよ、中国当局の工作員が貨物の輸送途中でハードウェアを開封し、スパイチップを仕込んで再発送することは可能」、「部品供給網において中国当局が工作を行い、スパイチップと化した偽チップを製造元に送り込むことも可能」という見方をする研究者も現れ、スパイまた、理論上、ブルームバーグが伝えるようなスパイチップは動作的にも可能だということが確認されてもいる。

　インターネットを使わない業務は現在、考えられない。パソコンとサーバーほど現代に必須のものはないと言えるだろう。そんな状況の中で、もしも、インデペンデントが伝えた半導体操作やブルームバーグが伝えたマイクロチップのような仕掛けがＮＥＣブランドや富士通ブランドのＰＣに仕込まれていたら、どうなるだろうか。

　民間企業でも大問題なのに、防衛省をはじめ政府機関においても、レノボグループのＰＣが使用されていないか。中国は現在、実質上、世界のＰＣの90％と携帯電話の75％を製造していると推定されている。ＭＩ５やＭＩ６が安全性に疑問を呈したメーカーのＰＣを使い、中国とサイバー戦を行うなど悪い冗談にしか聞こえない。少なくとも、官庁が使用するＰＣは、採算を度外視してでも、日本で設計、生産された安全性が担保されたものにするべきだ。

●電気自動車は「タイヤのついたスマートフォン」

　中国は今、ものすごい勢いで自動車の動力を内燃機関から電気モーターに変えようとしている。２０１９年12月、中国産業技術情報省は２０２５年までに新車販売台数の25％、２０３５年には60％を新エネルギー車にするという政策案を発表した。

　新エネルギー車とは、プラグインハイブリッド車（ＰＨＶ）、電気自動車（ＥＶ）、燃料電池自動車（ＦＣＶ）を指す。いわゆるハイブリッド車は外から充電ができない仕組みであることから新エネルギー車には含まれない。

中国が新エネルギー車を推進する理由は二つある。一つは優れた内燃機関のエンジンをつくるだけの自前の技術が中国国内に存在しないからだ。今からでは、とてもではないが世界に追いつけない。だが、電気モーターならば何とかなり、中国に有利な方向に持っていけるだろう、と考えているのである。

もう一つの理由は深刻だ。中国は、近未来に高速通信時代が到来し、半導体を大量に実装した新エネルギー車が使用されることを見越して推進しているのである。その狙いを、これから説明しよう。新エネルギー車は超限戦の一環であり、まさに「タイヤのついたスマートフォン」なのだ。

「新エネルギー車」という呼称は漠然としているので、ここではわかりやすく単に「電気自動車」として説明する。電気自動車がなぜ超限戦の一環なのか、順を追って説明しよう。

電気自動車は三つの主要ユニットでできている。動力となるモーター、モーターを動かすバッテリー、そして、自動車を制御するためのサーキットボードの三つのユニットである。

中国が考える超限戦においてはバッテリーも重要なユニットになる。

サーキットボードとはトランジスタや抵抗器、コンデンサなどの電子部品が集積し配線されている基板のことだ。この電子部品が集まってできている集積回路のことを「半導体」という。コンピュータの心臓部であるCPU、メモリなども半導体である。

物質には電気を通す「導体」と電気を通さない「絶縁体」とがあり、「半導体」とはそもそもその中間の性質を備えた物質のことを言う。ただし、一般的に「半導体」と言った場合には、半導体を使った部品を組み合わせてある一定の働きをするようにつくられた「集積回路」のことを指す。

電気自動車のサーキットボードには、おびただしい量の半導体が搭載される。加速やブレーキといった駆動系の制御も半導体が担うし、衛星測位による位置情報の獲得と分析、その情報を基にしたナビゲーションの出力や自動運転の実行も半導体が担う。

ちなみに、全地球測位システム・GPS（Global Positioning System）はアメリカによって運用されている衛星測位システムである。だが中国も2012年以来、独自のシステム「北斗衛星導航系統（BeiDou Navigation Satellite System＝北斗衛星測位システム）」の構築を進め、2020年6月に最後の人工衛星を軌道に投入して完成させている。

大量の情報を処理するには大量の半導体が必要となる。その膨大な量の情報をやりとりするためには第5世代の移動通信システム、いわゆる「5G」が必要で、中国はその高速通信での覇権獲得にこだわっている。

つまり電気自動車は「走るスマートフォン」のようなものだ。大量の半導体を搭載したコンピュータが走ると言ってもいいだろう。

そして問題は、これから中国が量産して海外輸出をしようとしているそのような電気自動車に「バックドア」が仕込まれていたらどうなるか、ということである。

２０２０年２月11日、ウォール・ストリート・ジャーナルが、《アメリカ政府高官がファーウェイの製品にはモバイル通信のデータを傍受する能力があるとして公然と非難した》ことを報道した。ファーウェイは、自社製品及びそれによって構築されるネットワークシステムにバックドアを埋め込んで中国政府に協力している、ということである。

もともと発展途上国への通信機器支援を手始めに、すでに２０００年代からアメリカに危険視されていたファーウェイは、２０１８年以降、アメリカ各企業の商取引禁止などの制裁措置が強まり、２０２０年９月からはついにファーウェイへの半導体出荷停止が開始された。

ファーウェイのスマホにバックドアがあって、スマホに格納あるいは登録されている情報がすべて抜き取られるようなことが、今度は電気自動車で行われる。その車に誰が乗り、どこへ行って何をしたか、車の中でどんな情報をやりとりしたのか、例えば検索したレストランの条件やカーナビにどんな数値を入力したのか、そういった情報がバックドア機能により5Gネットワークを通して中国共産党の手に渡る可能性がある。

さらに懸念されることがある。もしも半導体の中に「攻撃的な隠しコマンド」が仕込まれていたらどうなるかということだ。

●半導体をめぐる安全保障問題

「隠しコマンド」とは、公表されることなくあらかじめ仕込まれた、ある一定の動作をコンピュータに実行させるための命令である。コンピュータゲームでいう「裏ワザ」のようなものだ。一般的にはソフトウエア、つまりプログラムの中に書かれる。

プログラムに仕込まれている場合には発見しやすく対処もしやすい。しかし、これが半導体という部品自体に、怪しいマイクロチップのような外付けの恰好ではなく、内部に仕込まれていたらどうなるか、ということだ。半導体設計技術者に質問したところ、技術的には十分に可能で、しかも発見することはたいへん難しいという。

5Gの通信ネットワークを通じて外部からコマンドを起動させ、情報を外部に流出させる。さらに言えば、電気自動車の機能を停止させるコマンド、制御を不能にさせるコマンドが隠される可能性もあるだろう。『超限戦』の言う、《人類に幸福をもたらすものはすべて、人類に災難をもたらすものである。言い換えれば、今日の世界で、兵器にならないものなど何一つない》という状況は、十分に実現可能になる。

２０１５年に発表された産業発展政策「中国製造２０２５」では、《２０２５年までに先進的な智能分野における核心的な情報機器に係る産業構造と技術イノベーションシステムを確立し、中国産の智能分野の核心的な情報機器が国内市場の60％以上を満たす供給能力を獲得すること》を命題としている。つまり中国で製造される電気自動車を含む情報機器においては、中国国内で設計され製造された半導体が使われるということだ。

さて、中国の法律が変わり、中国国内で生産される製品に中国製半導体の使用が義務付けられたらどうなるだろう。日本の自動車メーカーの中国工場では、中国製半導体が組み込まれた完成車が生産され、中国製の電気自動車が日本に輸入され日本国内で販売されることになる。この状況になった時のリスクは何だろうか。

もしも、中国製半導体の中に、バックドア機能や悪意あるプログラムが埋め込まれていたら、中国からのコマンド一つで、電気自動車が突然、制御不能になるかもしれない。電気自動車ばかりではない。今後、白物家電と呼ばれる冷蔵庫や洗濯機、電子レンジといった家電製品や医療機械にも大量の半導体が載せられ、５Ｇの通信ネットワークで結ばれて、いわゆる便利化が図られようとしている。電気自動車と同じく白物家電の利用状況などの個人情報が、５Ｇ通信を通じて本人が気づかない間に中国に送られる可能性も排除できない。

アメリカの国家安全保障省は公式ウェブサイトで、「２０２０年ＴＣＬ（中国の電機機器メーカー）が、すべてのテレビにバックドアを組み込んで、ユーザーがサイバー侵入やデータ漏洩にさらされていることを発見した」と述べ、「中国政府の産業補助金を使い海外市場へダンピング輸出をしている」と指摘した。

日本の家電メーカーの白物家電事業もまた中国企業に売却されている。我々消費者が日本企業の製品と思って買っている白物家電は、実は中国企業に買収されブランド名だけが残っていることも多い。これも経済安全保障の問題として考えるべきである。

アメリカは先進の半導体技術を中国に渡さないように、西側諸国と動いている。現時点で、中国の半導体会社が中国で製造できる半導体は、世界の最新鋭の半導体から2世代ほど遅れていると言われている。高度な半導体製造技術を渡さないための輸出禁止措置が、西側諸国の間で連携して行われている。

このことを象徴するのが、２０２０年12月にアメリカが中国の半導体製造会社ＳＭＩＣをエンティティリストならびに中国共産党人民解放軍関連会社リストに追加したことだ。

こうしたアメリカの対中政策によって、「中国製造２０２５」に揺らぎが出始めている。しかし何より必要なのは、西側陣営においては半導体は自国内ないし西側陣営で製造された安全な半導体のみを使うということである。半導体自体の製造には力を入れなくなって久しいアメリカは２０２０年5月、世界最大の半導体メーカーである台湾ＴＳＭＣ（Taiwan

Semiconductor Manufacturing Company, Ltd.）の工場誘致を発表した。アメリカ・アリゾナ州に建設総額120億ドル（約1兆3000億円）の半導体工場が出来上がる予定だ。

日本もまた同様の対策を取る必要がある。もう一度、半導体の工場を国内に建て、製造技術を磨き直し、安全安心で大丈夫という半導体を国内で開発、製造する体制を再構築する時期が来ている。日本や中国など15か国が参加する地域的な包括的経済連携（RCEP）が動き出した。

かつて日本は世界に冠たる半導体生産国だった。1980年代には世界シェアの50%を超えたこともある。半導体事業の縮小は安全保障上の理由からアメリカが半ば強要した、1986年から1997年の第一次・第二次にわたる日米半導体協定を背景としている。

しかし、その後の凋落は、中国の産業政策を背景にしたものだ。半導体をはじめとする日本の電機業界が、いかに中国企業をはじめとするアジア企業の前に敗北していったか、次の項で見ていくことにする。

●日本電機業界敗北史

日本の電機業界の凋落は、グローバリズムによる国力低下の典型例である。グローバル経済を簡単に説明すると、「世界における分業化」ということだ。こっちの国でつくればいいものはそこでつくり、あっちの国に輸出すればそれで万事はうまくいくという考え方である。双方が儲かるウィンウィン（Win - Win）ということがよく言われた。そこには、「常に物流は止まることなく、製品技術の軍事転用もない平和な取引が続く」という前提があった。

2020年の春頃、新型コロナウイルス感染拡大の影響で、紙マスクが品切れ状態になるという事態が起こった。あわせてマスクの転売も問題になった。このマスクの品薄状態は、生産を中国に依存していたから起こったことだ。生産を海外に依存しているということは、マスクを直近の典型例として、工業製品は言うに及ばず、食料や燃料など、あらゆる物資について、こうした状況が起こりうるということである。

そして、グローバル化がなした国際分業の状態は、外交に利用されうる。中国という共産党一党独裁国家は、制裁・報復のために物流を止めるということが党の意向によってできる国家だ。世界の工場と化している今、そして「中国製造2025」に書かれた「製造強国のトップ」へのロードマップ上にいるからこそできることでもある。そして、そこにある基本概念は「軍民融合政策」だ。

2020年10月17日、中国で輸出規制を強化する「輸出管理法」が成立した。中国の安全を脅かす可能性があると判断した外国企業などをリスト化し、安全保障に関連する製品や技術、サービスなどの輸出を禁止や制限するという法律である。アメリカの強硬な輸出規制に対抗して成立させたものだが、これには明らかに制裁的な運用を目論んでおり、今後の国際情勢と世界の構図を大きく変える可能性がある。中国の「輸出管理法」の事業に及ぼすリスクについては次章で詳しく見ていく。

時を戻そう。日本の電機業界各社は１９７０年代から台湾や韓国の輸出加工区に進出して製造委託や国内製造拠点の海外移転を進め、アメリカへの製品輸出を増やした。アメリカの電機会社は、生産をメキシコや香港、台湾に移し、製品をアメリカ国内に逆輸入する作戦で対抗した。このせめぎあいで、日本企業のアジア進出が加速していく。

日米両国で、労賃の安い国を使い生産し、製品を先進国市場へ輸出するための投資が始まったのはこの頃の話である。日米の電機会社は東南アジア諸国にも進出を開始し、１９９０年代半ばには、製品ごとや部品ごとに最適の生産国を選び、アジアでの分業体制を構築した。

また同時に、ＥＭＳと呼ばれる企業が大きく成長する。ＥＭＳ（Electronics Manufacturing Service）とは、電機会社から電気製品の設計や生産を受託する事業もしくは会社のことである。ＥＭＳ企業は１９９０年代後半から２０００年代にかけてＭ＆Ａで規模を拡大していった。

そうした情勢を受けて、中国は全土に多数の特区を設けていく。外国企業にさまざまな特権を与え、外資を導入して世界の工場として急成長していったのである。台湾の受託生産企業つまりＥＭＳは、この中国の動きに連動して対中投資を増加した。シャープを買収した鴻海精密工業などが急成長したのもこの時期にあたる。

２０００年以降、欧米の株主資本主義が日本に導入される。「会社は株主のためにある。株主の利益を追求するのが会社の使命だ」という考え方である。もともと日本企業は「企業は社会の公器である」という考え方に立っていた。終身雇用もそこに成立していた制度だった。

株主は株の売買によってころころと変わっていくものだ。長期を見据えた経営から、目先の利益確保の最大化が優先されるようになった。その流れの中で終身雇用は否定され、従業員は「会社の家族」という存在から「固定費（コスト）」という経営にとっては好ましくないものとなり、変動費として計上される非正規労働者への切り替えが進んでいく。

製造の空洞化が一気に加速したのは、２００９年から3年間続いた民主党政権時である。民主党政府は、デフレ脱却に必要な適切な金融・財政政策を行わず、為替が1米ドル80円台の超円高を招いた。日本企業は国内で生産する輸出製品の利益を確保することができなくなった。経団連は「経団連成長戦略２０１１」の中で、《わが国はかつてないほど深刻な産業空洞化の危機に直面している》と書いている。国内工場は閉鎖・縮小され、さらに積極的に中国へ製造拠点が移転されていった。

日本企業の強みだった製造ノウハウが詰め込まれた製造設備も海外流失した。アジア企業に追いつかれた原因の一つはこれである。高度な技術ノウハウの蓄積の塊である中間素材が輸出されて、材料技術と生産ノウハウがアジア企業の知るところとなり、彼らが台頭する要因となったのだ。

海外では規模のメリットを追求するM&Aが続いたが、日本企業はこの流れに乗り遅れる。同業他社との事業統合を嫌い、自社の利益追求と目先の業績向上だけに集中したからだ。日本企業は製造部門を持たない「ファブレス化」（fab＝工場を、less＝持たない、という意味）に走った。製造業が自ら製造しなくなった。自ら手を動かさなくなった電機メーカーは、こうして自ら製造を行うアジア企業に敗北していく。

挙句の果てにと言うべきか、日本が先進していた最先端技術の研究開発は、電機会社、装置会社、素材会社がセットとなってアジア企業と共同で行うようになっていく。アジア企業が生産した製品が販売されるようになり、家電の完成品はアジア企業が生産し、製品に使用される日本製の電子部品は安い価格で買い叩かれた。

中国政府がハイテク企業に産業補助金を給付していることはすでに述べた。中国企業は市場を歪めるダンピング価格で、日本をはじめとする世界各国に洪水のように製品を輸出した。補助金によって作戦的に低価格競争を仕掛けられた上に、日本企業は統合を嫌って中途半端な事業規模に甘んじていた。日本企業は価格で対抗できずに赤字の山を積み上げ、アジア勢に対抗できないまま市場競争に敗れた。

競争に敗れた日本企業は中国の企業やファンドに二束三文で買い叩かれていった。日本の金融機関は巨額の債権を放棄し、中国企業は日本企業が積み重ねてきた製造ノウハウの詰まった事業を安い価格で買収した。

こうして、長年にわたって先人が積み重ねてきた技術や製造ノウハウは丸ごと外国の手に渡った。**図7**は、買い叩かれていった代表的な日本の電機メーカーをまとめたものである。日本の電機業界に残っているのは、電子部品を販売する一部の会社と、中国に使用を許諾している「ブランド」の名前だけだ。

各企業が経営悪化に陥り国内の雇用が失われるのはきわめて大きな問題である。同時に問題であるのは、こうした工場移転、共同開発、企業買収、部門買収によって職を失った日本人技術者が中国企業などに雇用され、日本の先端技術が流出してしまうことである。

電機業界に起きたことは、電機ばかりでなく、ハイテク系業界のいたるところで起きている。そして今、自動車業界が同じ道を突き進もうとしている。私はこれを特に大問題だと考えている。

図7　海外企業に買収された日本の電機メーカー

企業名	買収した海外企業	買収年
NEC（有機EL）	サムスンSDI（韓国）	2005年
三洋電機 （冷蔵庫・洗濯機事業）	海爾集団（中国） ※海爾集団は三洋のAQUAブランドを使用可	2012年
東芝 （白物家電事業）	美的集団（中国） ※買収後40年間は東芝ブランド名を使用可	2016年
シャープ	鴻海企業集団（台湾）	2016年
東芝（テレビ）	青島海信電器（中国）	2017年
パイオニア	ベアリング・プライベート・エクイティ・アジア（香港の投資ファンド）	2019年

［各種資料より筆者作成］

●トヨタがアメリカから制裁される？

電気自動車は主に三つのユニットから構成され、重要なユニットの一つにバッテリーがあることはすでに説明した通りだ。

リチウムイオンバッテリーは電気自動車にばかり使用されるものではない。軍事ドローンには欠かせないし、また、通常動力潜水艦にも使われている。三菱重工業が製造して２０２０年の３月に海上自衛隊に納品した潜水艦「おうりゅう」は、世界初のリチウムイオン電池搭載の潜水艦だ。日本企業のリチウムイオン電池技術は世界で強みを発揮してきた。

リチウムイオンバッテリーの性能で重要なものの一つが電極の材料技術だ。電気が流れ出る方と流れ込む方の両端につけられた導体の素材性能及び加工技術によってどれだけの長時間、ドローンが稼働できるか、潜水艦が潜航できるかが決まる。

日本を代表する自動車メーカーであるトヨタは、車載用のリチウムイオンバッテリーの研究開発を中国で行おうとしている。2019年6月、トヨタは車載電池で世界最大手の中国・寧徳時代新能源科技（CATL）から電気自動車向けの電池を調達することを発表し、7月には同社との包括提携を発表した。今後は共同開発の領域にまで踏み込むということであるが、あとで述べる中国の信頼できないエンティティリストや輸出禁止・輸出制限技術リスト、輸出管理法への対応が注目される。

これまでに散々述べてきたが、トヨタが中国でリチウムイオンバッテリーの研究開発を進めることは、ドローンや通常動力潜水艦はじめリチウムイオンバッテリーを搭載する中国の兵器群の性能向上のために軍事転用される可能性が高い。これはおそらく、前述した1987年の「東芝機械ココム違反事件」以上のインパクトをアメリカに与えるだろう。

トヨタ側に絶対に軍事転用はさせないという気概があったとしても、中国は独裁政治体制の軍民融合政策の国である。「国防動員法」「輸出禁止・輸出制限技術リスト」「輸出管理法」という、契約書に表記されていたとしても無視できるだけの強力な法律がある。

中国政府は政策的にトヨタのシェアを一時的に上げ、技術を吸い上げ終わったら、お役御免ということができる国だ。中国共産党が、「トヨタの車は買わなくてよい。これからは国営企業の車を買うようにせよ」と言えば、あっという間にトヨタの中国シェアは終焉する。

このトヨタの動きと、中国におけるリチウムイオンバッテリーの開発状況の推移によっては、アメリカはトヨタを制裁する可能性がある。アメリカには日本を好きな人たちがいるが、日本を嫌う人たちもいることを忘れてはならない。

●中国に電極技術を売り渡した日産自動車

ＮＥＣ（日本電気）は、１９８７年、日本で初めて携帯電話を事業展開した会社として知られている。小型蓄電池技術開発の長い歴史があり、リチウムイオン電池部門が独立したかたちで２０１０年に設立された「ＮＥＣエナジーデバイス」という会社は、電極開発について世界で強みを発揮してきた技術を持っている。ＮＥＣエナジーデバイスはＮＥＣが１００％の株式を持つ完全子会社だった。リチウムイオン電池の性能を左右するのが電極に使用される材料技術であることは既に述べたとおりだ。

このＮＥＣが培ってきた電極技術を、日本の代表的自動車メーカーである日産自動車が中国に売り渡した話をしよう。２０１７年から２０１８年にかけて起こった出来事だ。そして当時の日産自動車の会長は、あのカルロス・ゴーンだ。

これは日産自動車が公開した情報に基づく話である。だが、手を替え品を替えてリチウムイオン電池の肝である電極事業が中国に売り渡されたこの売却劇の真意が摑めなかったのか、報道はリチウムイオンバッテリー事業の競争の行方という表面的なことに終始していた。

株式の譲渡による売却の対象となったのは、2007年に設立された「オートモーティブエナジーサプライ（AESC）」という会社である。自動車用リチウムイオン電池の開発、製造、販売を行う会社で、2017年当時、日産自動車が51％、NECが42％、NECエナジーデバイスが7％の株式を持っていた（図8）。つまり、日産自動車が経営権を握っていた。日産自動車は、株主総会において議案を意思通りに通すことができる、ということだ。日産が議決してしまえばNECに抗う術はない。

AESCは、基本的に日産が開発する電気自動車にリチウムイオン電池を供給するための会社である。2010年に販売が開始された電気自動車「リーフ」にはAESCのリチウムイオン電池が搭載されている。

2017年、NECが持っていた42％、NECエナジーデバイスが持っていた7％のAESCの株を日産に売却する契約を締結した。この時点で、AESCは日産の100％子会社となった。

そして日産は、パウチ型リチウムイオン電池事業に関連する製品開発・技術開発・生産技術に関する事業を会社分割という手続きでAESCにくっつけたのである。日産にもあった

図8　日産自動車による中国企業へのNEC系企業株譲渡スキーム①

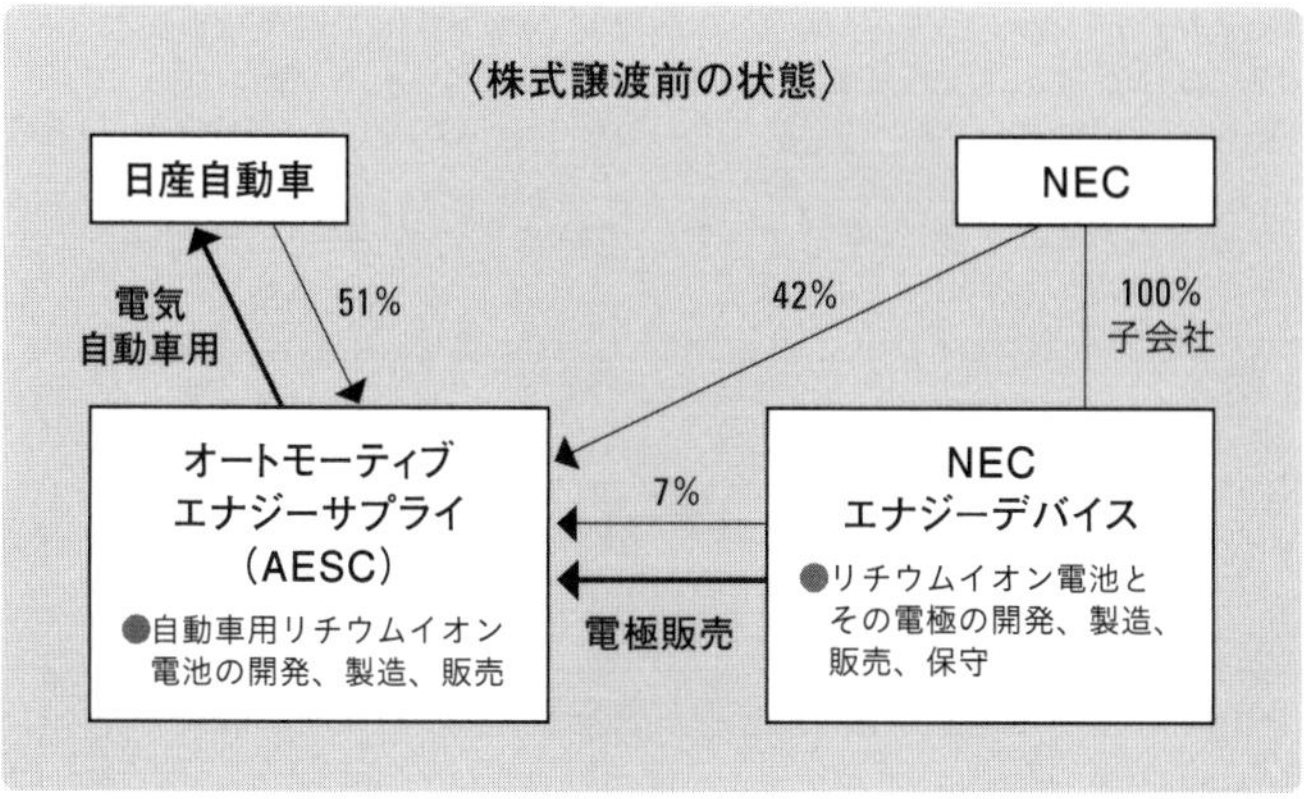

リチウムイオン電池部門をすべてはずしてAESCに詰め込んだということだ。

一方でAESCの電気自動車用バッテリーパック生産事業は、日産へ会社分割という形で移された。

その上で、中国系ファンドであるGSRキャピタルがイギリス本土に設立した子会社「GSRエレクトリックビークル（UK）ホールディング」に、AESCの株式の100%すべてと、日産が保有する北米子会社の北米バッテリー事業、英国バッテリー事業を行う英国子会社の全株式の譲渡をあわせて行うことで話が進んだ。日産が持っているリチウムイオンバッテリー技術のすべて、つまり、日産に注ぎ込まれたNECの電極技術のすべてを売却する、ということである（**図9**）。

だが、この計画は2018年7月に破談となった。GSRキャピタルが買収資金を調達できなかった、というのがマスコミで報道された理由だが、中国から直接資金が入って行われる買収ということで、おそらくはイギリスが安全保障上の理由から許可を出さなかったのだろうと推測する。破談の理由がイギリスにあったことは、最終的に資金の受け渡しの舞台をわざわざタックスヘイブンで知られる英領ケイマン諸島に移して株式譲渡が成立したことからもわかるだろう（図10）。

ケイマンに「エンビジョンエレクトローズ」という子会社を設立したのは、中国の上海に本拠を置く再生可能エネルギー関連企業「エンビジョングループ（遠景集団＝Envision Energy)」である。

日産は、2019年の3月に「エンビジョンエレクトローズ」に対するAESCの株式の100％譲渡を発表し、直後に株式の25％を買い戻してパートナーの体裁をとった。北米子会社の北米バッテリー事業、英国バッテリー事業を行う当社英国子会社も当初の予定通り「エンビジョンエレクトローズ」に売却されている。そして、NECが持っていた「NECエナジーデバイス」の株もまたすべて「エンビジョンエレクトローズ」に譲渡された。

日産とエンビジョンエレクトローズはAESCを、日産が20％、エンビジョンエレクトローズが80％の株式を持つ「エンビジョンAESC」に改称して事業を開始した。

図9　日産自動車による中国企業への NEC系企業株譲渡スキーム②

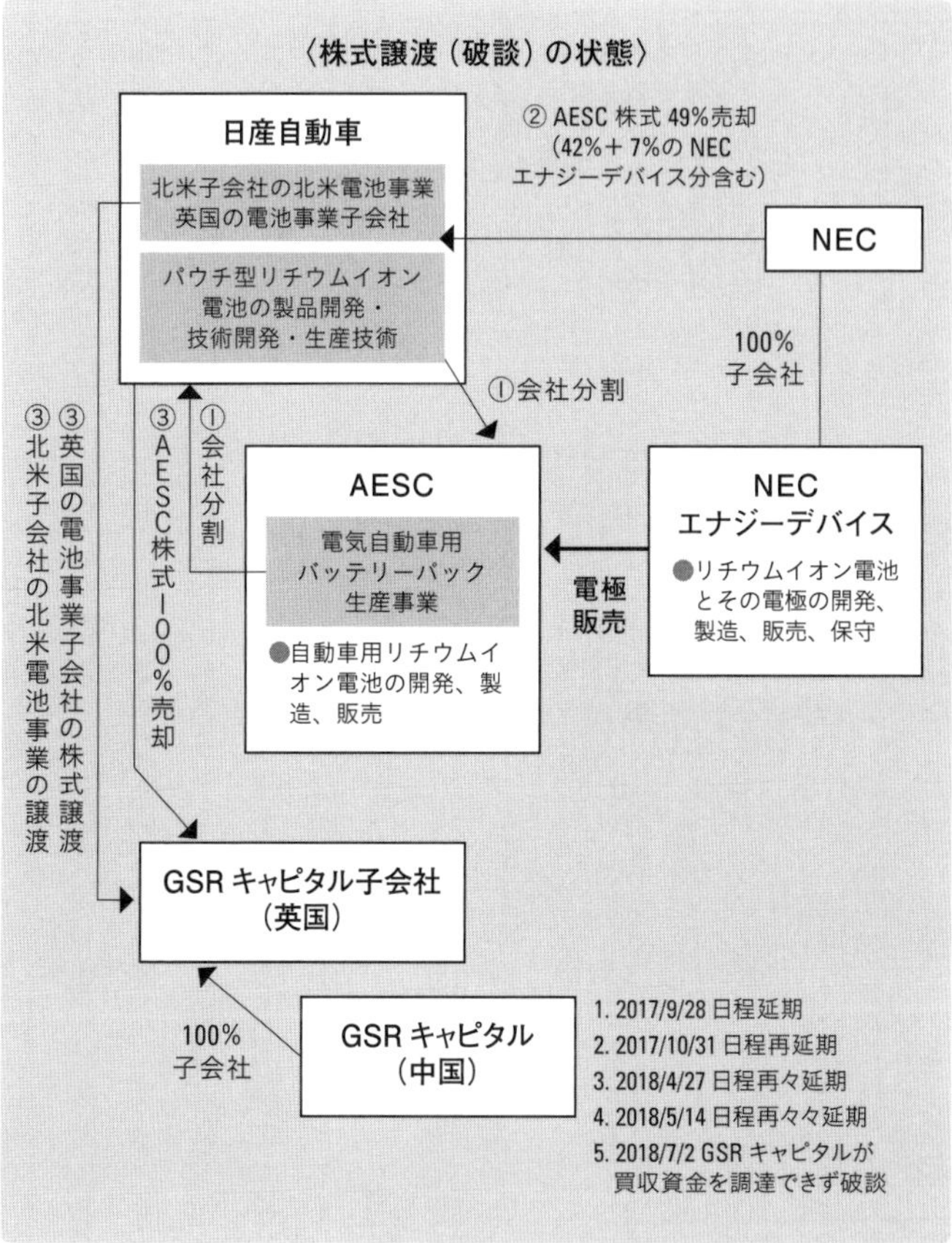
〈株式譲渡（破談）の状態〉
日産自動車
北米子会社の北米電池事業
英国の電池事業子会社
パウチ型リチウムイオン電池の製品開発・技術開発・生産技術
② AESC株式49%売却（42%＋7%のNECエナジーデバイス分含む）
NEC
100%子会社
①会社分割
③英国の電池事業子会社の株式譲渡
③北米子会社の北米電池事業の譲渡
③AESC株式100%売却
①会社分割
AESC
電気自動車用バッテリーパック生産事業
●自動車用リチウムイオン電池の開発、製造、販売
電極販売
NEC エナジーデバイス
●リチウムイオン電池とその電極の開発、製造、販売、保守
GSRキャピタル子会社（英国）
100%子会社
GSRキャピタル（中国）
1. 2017/9/28 日程延期
2. 2017/10/31 日程再延期
3. 2018/4/27 日程再々延期
4. 2018/5/14 日程再々々延期
5. 2018/7/2 GSRキャピタルが買収資金を調達できず破談

だが、不思議なことがある。これら一連の株式譲渡において、取引金額が一切公表されていないことだ。取引金額が開示されない理由は、エンビジョンとの間の守秘義務に基づくと公表された。しかし、取引金額が外部に開示されないのは不自然だ。ディスクロージャーの観点からも、通常は取引価格算定の根拠がプレスリリースで一般投資家に開示されるのが一般的だ。取引金額が開示されないので、不当な低価格で取引された可能性が排除できない。

また、最初にイギリスで取引しようとして破談になったものを無理やりケイマンにもっていってまで中国への売却を成立させているのはなぜだろうか。つまり、中国が「中国製造2025」の産業発展方針に則り、建設中の大規模工場に日本由来の優秀な電極技術を移転すべく強引な買収を計画し、日産自動車がそれに乗った可能性を排除できない。

ここからの仮説にはエビデンス（証拠）はなく、あくまでも憶測だということを先に言っておく。M&Aの教科書には決して出ていないが、30年間M&Aに関わってきた経験から言うと、リアルなM&Aでは関係者からバックマージンを要求されることがある。

本件では、ゴーン会長がリチウムイオン電池の電極技術を有する会社を中国に渡す見返りとして、キックバックを要請し、ゴーン個人が持っている会社に中国から金銭が払われた可能性があるのではないかとも考えることができる。取引金額が公表されない以上、取引価格が不当に安い可能性があるのだ。中国が安く買収した分の一部が、ゴーン個人の会社にキッ

図10　日産自動車による中国企業への NEC系企業株譲渡スキーム③

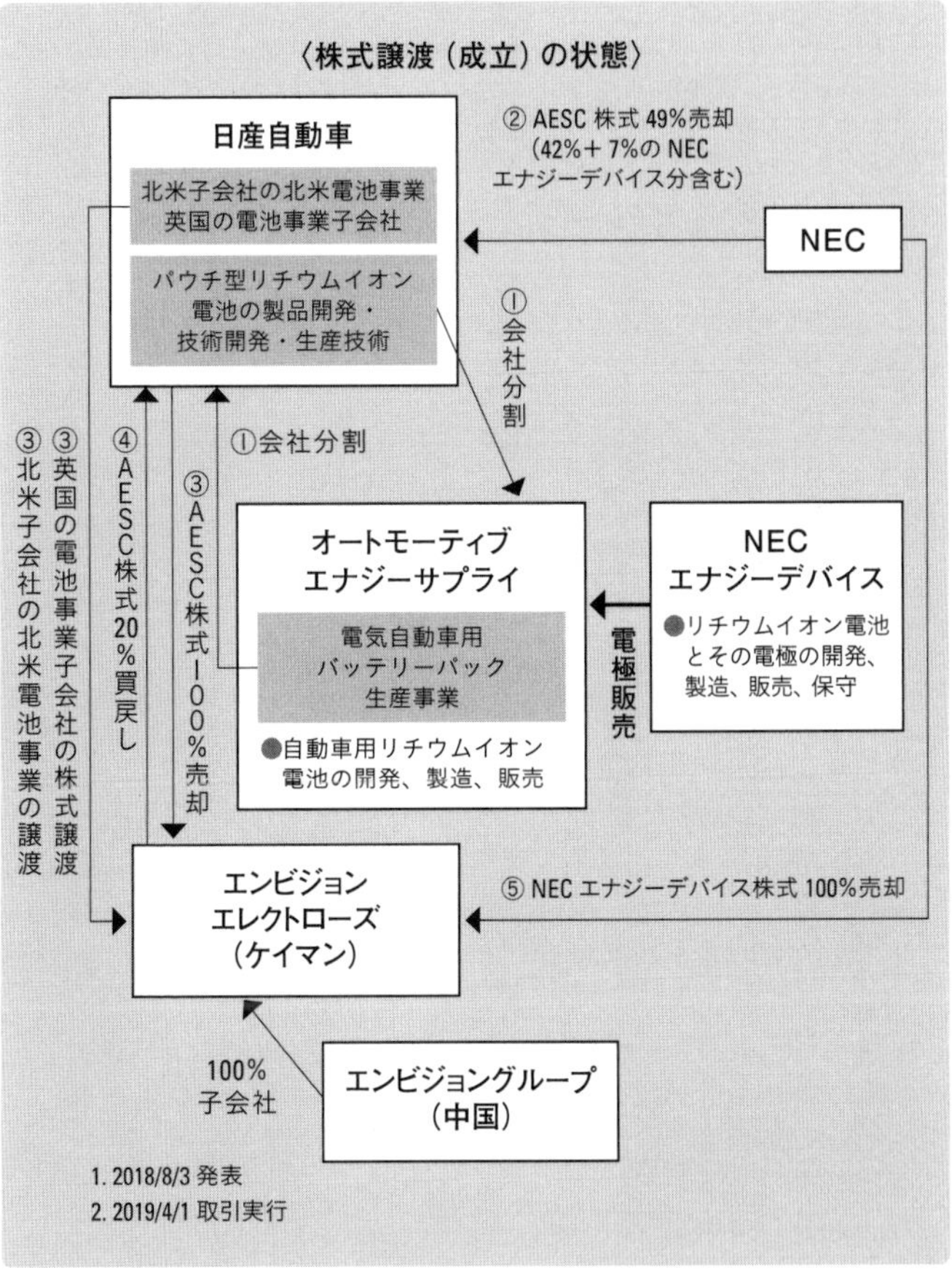
〈株式譲渡（成立）の状態〉
日産自動車
北米子会社の北米電池事業
英国の電池事業子会社
パウチ型リチウムイオン電池の製品開発・技術開発・生産技術
② AESC株式49%売却（42%＋7%のNECエナジーデバイス分含む）
NEC
①会社分割
①会社分割
③北米子会社の北米電池事業の譲渡
③英国の電池事業子会社の株式譲渡
④AESC株式20%買戻し
③AESC株式100%売却
オートモーティブエナジーサプライ
電気自動車用バッテリーパック生産事業
●自動車用リチウムイオン電池の開発、製造、販売
NECエナジーデバイス
●リチウムイオン電池とその電極の開発、製造、販売、保守
電極販売
⑤ NECエナジーデバイス株式100%売却
エンビジョンエレクトローズ（ケイマン）
100%子会社
エンビジョングループ（中国）
1. 2018/8/3 発表
2. 2019/4/1 取引実行

クバックされた可能性は排除できない。

当事者は裏金の扱いはお手のものの中国と、金銭への執着心が並外れていると言われる人物の話だ。普通の日本人の感覚で考えると見落としが出る。

推測される構図は**図11**のようなものだ。中国は「中国製造2025」に則り、リチウムイオン電池技術を軍事利用するために、NEC由来の電極技術を手に入れたいと考えた。そこで目をつけたのが日産自動車である。日産自動車からAESCとNECエナジーデバイスをセットで買収することで、NEC由来の電極技術を手に入れ、軍民融合政策で軍事転用することができる。そこでゴーンに話を持ち掛け、ゴーンがそれに乗り、一部の腹心だけで話を進め、他の役員には事後報告で済ませたのではないかと想像する。

通常のM&Aでは、イギリス当局から許可が下りない時点でM&Aを断念する。ところが、一度、破談になった話をタックスヘイブン（租税回避地）であるケイマンに移してまで実行する執念や動機は、いったい何が原因なのか。

AESCの海外企業への株式譲渡においては、外為法による事前審査が必要だ。日産自動車が経産省にどのような申請書類を出したのか、そこが重要なポイントになるだろう。かつて東芝機械が「9軸制御」を「2軸」として申請したのと同様の虚偽申請はなかっただろうか。

図 11　日産自動車による中国企業への NEC 系企業株譲渡に関する疑念

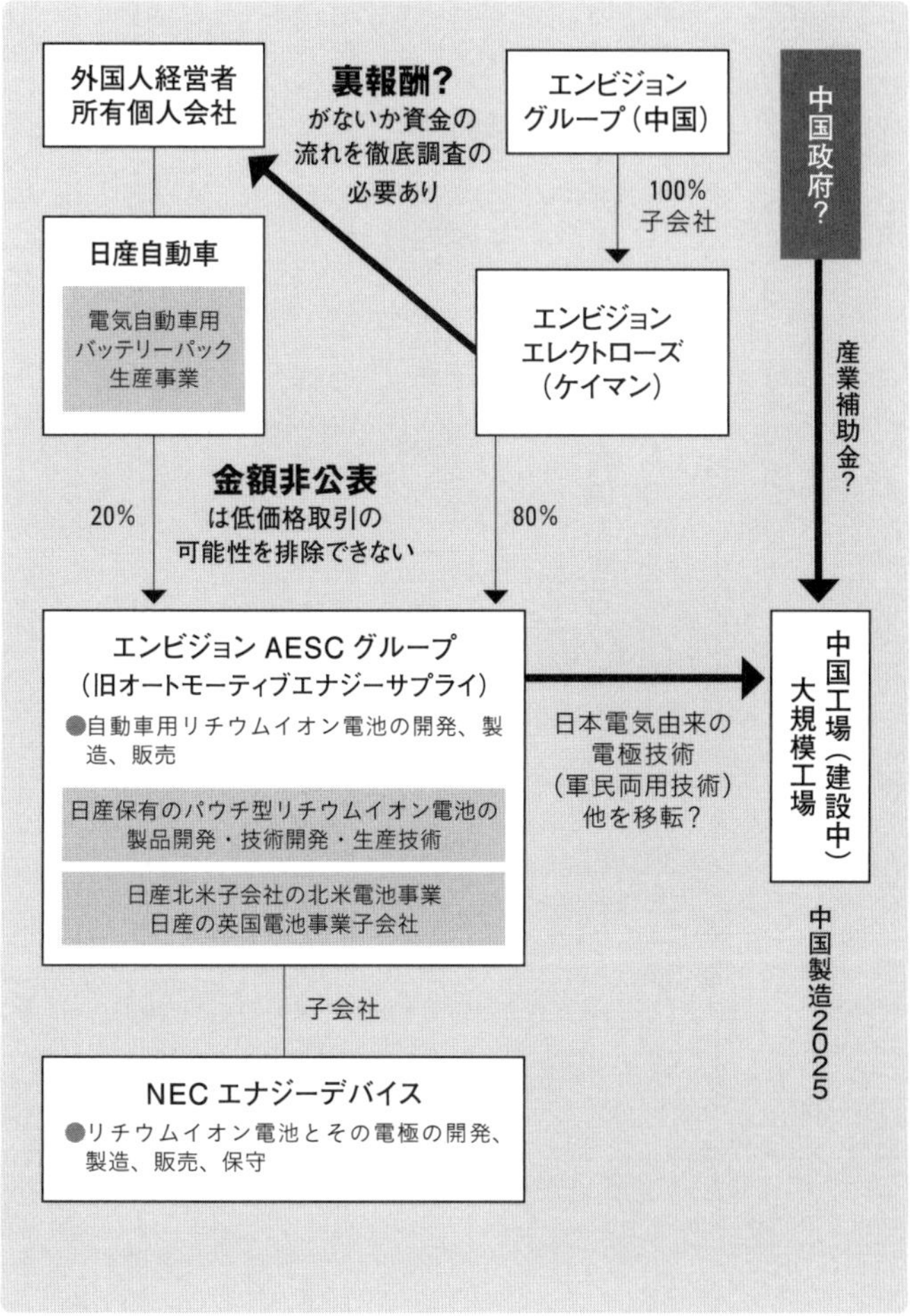

幸い電極技術の核心を担う会社であるＮＥＣエナジーデバイスは株式を買い取られただけで、工場もまだ神奈川県の相模原市にある。今なら外為法の再審査の上、譲渡を差し止めて技術の流出を防ぐこともできるかもしれない。仮に私の憶測が正しければ、当事者は相当慌てることになるだろう。

この一連の買収劇は現在、日産の中でもＮＥＣの中でももはや終わったこととして沙汰止みになっている出来事だ。申請を通してしまった手前、経産省も同様に沙汰止みとしているだろう。

しかし、ことは国家安全保障に関わる問題である。今後、闇に光が当たり真相が明らかにされることを願っている。

●監視カメラ用イメージセンサーを供給するソニー

日本の画像技術も、中国の独裁体制維持と人権侵害に結果的に協力してしまっているものの一つに数えられる。２０１９年11月、中国の大手監視カメラ製造メーカーであるハイクビジョン（ＨＩＫＶＩＳＩＯＮ＝杭州海康威視数字技術）に、ソニーとシャープがイメージセンサー（ＣＣＤ）を販売している可能性が明らかになったと東京新聞が報道した。

シャープは今や台湾のメーカーであるから台湾の問題である。問題は、日本企業であるソニーだ。中国が製造している、というよりも組み立てている監視カメラのCCDは日本の技術に依存し、日本側もまたそれに応じているということだ。

CCDとは、デジタルのカメラ、ビデオカメラ、そして監視カメラに欠かせない半導体素子である。ソニーは現在、全社利益の4分の1を半導体事業で稼ぎ出していると言われるが、その半導体とは、このイメージセンサーをはじめとする画像処理及び光学系の半導体である。

ハイクビジョンは監視カメラで世界第一のシェアを誇る中国企業だが、アメリカのエンティティリストならびに中国共産党人民解放軍関連会社リストに載せられ制裁対象になっている。なぜならハイクビジョンが中国政府に納入した監視カメラが、ウイグル族などを収容している施設で監視に使用されているからだ。

ソニーは「個別の取引先についてはコメントを差し控える」とし、ウイグル族の監視用カメラにソニーのCCDが使われているかどうかということについても説明はしなかった。ソニーは「企業として人権の尊重を基本方針に定めている」と表明したのみである。念のために言うならば、ソニー自体が制裁対象となる法的理由などはない。

2020年6月、アメリカでウイグル人権法が成立した。基本的には、「中国新疆ウイグル自治区のイスラム系少数民族ウイグル族らへの人権弾圧に関与した中国政府高官らに制裁を科す」という法律だが、人権弾圧に加担したということで告発されれば、外国企業も制裁対象になりかねない影響力を持つ法律だと言える。同年12月にはチベット人権法も成立している。もしも、ハイクビジョン製の監視カメラにソニーのCCDが使われていたならば、ソニーは間接的に人権弾圧に加担したとして、責任を問われるかもしれない。

また、アメリカでエンティティリストに掲載され、制裁対象になっている中国企業に監視カメラの生産を委託している日本企業もある。それをまとめたのが2019年11月26日東京新聞記事《中国監視カメラに日本部品　ウイグル弾圧で米制裁対象》である。

東京新聞によると、パナソニック、日立、NTT、シャープ、東芝はハイクビジョンに監視カメラの製造を委託している。パナソニックは同時に、また池上通信機もダーファ・テクノロジー（Dahua Technology ＝浙江大華技術）にも製造を委託している。ダーファ・テクノロジーもアメリカのエンティティリストに載っている制裁対象企業である。

実は、2020年8月13日以降、これらのエンティティリスト記載の中国企業へ生産委託をしていないという日本企業も、ハイクビジョンならびにダーファ・テクノロジーの製品や部品を使用しているだけでアメリカ政府とは一切の取引ができなくなった。次章で見ていく、アメリカの「2019年度国防権限法」と同時に成立した輸出管理改革法（ECRA）で定められている。

ハイクビジョンならびにダーファ・テクノロジー製の監視カメラを使用したシステムを販

売している、また、社内用にハイクビジョンならびにダーファ・テクノロジー製の部品やユニットが組み込まれた機器を使用しているということで、その会社自体がアメリカ政府と取引禁止となる。

特に、東京新聞の記事で指摘されたパナソニック、日立、NTT、シャープ、東芝、池上通信機ブランドの監視カメラなどを使用している日本企業は、きめ細かく自社の内部を点検し、監視カメラの販売元である会社に対し、ハイクビジョンないしダーファ・テクノロジーから購入した部品が製品に使われていないことや、製品自体がハイクビジョンないしダーファ・テクノロジーに生産委託したものではないことを確認することが必要である。アメリカ政府と取引できなくなるだけでなく、我が身を守るために必要だ。

●アメリカの制裁対象企業と密接なパナソニック

前項で触れたパナソニックは、アメリカのエンティティリストに載っているそうした企業、ハイクビジョンやダーファ・テクノロジーと取引関係のある企業だ。パナソニックと中国との関係は今に始まったことではない。

パナソニックの旧社名は松下電器産業である。1978年10月、当時の鄧小平副首相が日中平和友好条約批准のために訪日したが、その際、鄧小平は松下電器産業のテレビ工場を視察し、創業者である松下幸之助に中国への協力を要望した。松下幸之助が「全力で支援する」と答えたのにはもちろん当時の時代背景がある。パナソニックは中国に進出した日本企業の第一号となった。対中輸出を開始して、1987年には北京にカラーブラウン管の製造合弁会社を設立。これは戦後初めての中国における外資系工場だった。

2019年5月、パナソニックがアメリカ政府の方針に従ってファーウェイ及びその関連会社との取引を中止したという報道が流れた。しかし、その報道の翌日、パナソニックチャイナがすぐさま「ファーウェイに対しては正常に製品を供給している。供給停止はデマであり、ファーウェイは重要なパートナーである」と声明を発表した。パナソニックチャイナはまた、「中国においてはパナソニックグループが力を貸し、中国の発展事業に貢献する」とも述べた。実際、事実上アメリカが規制しているファーウェイへの部品供給の補填をパナソニックチャイナは行っているのではないか。

パナソニックは2019年11月、半導体の開発・製造・販売を手掛ける全額出資子会社パナソニックセミコンダクターソリューションズを台湾の新唐科技（ヌヴォトン・テクノロジー）に売却することを発表し、2020年9月、売却手続きを完了した。

その際、パナソニックセミコンダクターソリューションズとイスラエルの半導体企業タワーセミコンダクターによる合弁会社パナソニック・タワージャズセミコンダクターの半導体生産施設も売却した。

ヌヴォトン・テクノロジーは台湾企業だが、中華系台湾勢の企業だと言われている。そして、イスラエルのタワーセミコンダクターは、アメリカに軍用半導体を供給している企業だ。

つまり、パナソニックが行ったこの半導体事業の売却は、アメリカ由来の軍用技術を中華系台湾企業を経由して中国に移転することになったかもしれないのだ。

２０２０年11月、パナソニックは２０２２年に持株会社へ移行することを発表した。パナソニックホールディングス株式会社の傘下に、家電などのパナソニックをはじめとする多数の各事業が会社分割されて子会社として連なることになる。これは、そうして子会社化された企業の売却や合併、つまりＭ＆Ａがやりやすくなるということでもある。

●英アームの中国子会社を中国に売り渡したソフトバンク

２０１６年9月、ソフトバンクグループがイギリスのアームホールディングスという会社を約3兆３０００億円で買収して、たいへん話題になったことがある。アームホールディングスは、モバイル機器向けのコアプロセッサーの開発設計において、世界シェアの9割を握る。言わば携帯電話界のインテルだ。

アームホールディングスは世界中に多くの子会社を持っており、その中には、アームチャイナという中国に設立した100％子会社がある。2018年、ソフトバンクグループは、そのアームチャイナの株式の51％を中国の投資会社連合に売却した。アームチャイナの株式を買ったのは、中国政府系ファンドである「中銀集団投資」、同じく中国政府系ファンドの「シルクロード基金」、同じく「中国投資」などである。

アームホールディングスが持っている世界シェア9割の携帯電話用半導体のコア技術をイギリスから中国に移すためには、アームホールディングスの100％子会社の方が都合がよいに決まっている。しかし、ソフトバンクグループが、アームチャイナの株式51％を中国政府系の投資家に売却したのはなぜか。この株式売却によって、アームチャイナの経営権は名実ともに中国政府系が持つことになった。アームチャイナの経営権を中国政府の手に渡す理由は何か。

ここからは私のまったくの想像である。ただし、蓋然性は十分にあるのではないかと思う。つまり、もともと、ソフトバンクグループは、アームホールディングスそのものを中国政府系ファンドに売却する計画を立てていたのではないかということだ。3兆円で買って10兆円で売るといったほどの巨大なビジネスである。中国は半導体技術を喉から手が出るほど欲しがっている。

ソフトバンクグループがアームホールディングスを買収したのは2016年、ドナルド・

トランプが当選を決める前のことだった。トランプが当選を決めた直後、孫正義はアメリカに飛び、12月6日にトランプと会談している。会談で孫正義はトランプに総額で500億ドル（約5兆7000億円）を投資し、5万人の雇用を生みだすと確約したということが、マスコミで大きく報道された。その後、この約束がどうなったかはわからない。私は、会談の目的にはアームホールディングスの中国への売却の容認要請があったのではないかと想像している。

2018年、強硬な対中対策を中心とした「2019年度国防権限法」が成立する直前、駆け込むようにしてソフトバンクグループはアームチャイナの株式51％を前述の中国政府系の投資会社連合に売却しアームチャイナの経営権を手放した。これは何を意味しているのだろうか。アームホールディングスを手中に収めて事業を展開しようという中で、どこにアームチャイナの株式51％を外部に売却する必要があるのだろうか。

トランプ大統領になり、2019年度国防権限法のプランも見えてくる中で、アームホールディングスそのものの株式を中国へ売却することは不可能になった。そのため、ソフトバンクグループは中国から「落とし前をつけろ」と言われたのではないかと想像する。アームホールディングスを中国に売却すると言っていたのに約束が違う、ということである。アームチャイナの経営権を渡すから勘弁しろ、という話が裏であったかもしれない。

２０１９年12月5日、日本経済新聞が《英アームの中国合弁　膨張》という見出しの記事を報道した。そのリードには《２０２５年に売上高で英本体超えを目指すほか、株式上場する構想もある。同合弁会社の実質株主には中国政府系ファンドが名を連ねる。対米摩擦が激化するなか、自国の半導体産業を強化したい中国の思惑も垣間見える》とある。

その通りだろう。この記事に関しては、もちろん本文の内容についても日経が珍しく勇気を出して報道した記事として私は評価している。アームチャイナの経営権譲渡の件は、ソフトバンクグループがアメリカの横面をはたいたに等しい行為なのだ。

２０２０年9月、ソフトバンクグループは、ビジョンファンドによる投資失敗が生んだ損失を補填するために資産売却を進めることになり、アームホールディングス株式を手放すことを発表した。相手はカリフォルニア州サンタクララの半導体メーカー、エヌビディアコーポレーション（NVIDIA Corporation）で、総額４００億ドル（約4兆２４５０億円）で買収する意向を正式に表明した。

西側社会、特にアメリカは近年、経済安全保障について敏感であり、２０１９年から２０２０年にかけて具体的なルールを立て続けに構築している。次章では、そのアメリカの動きを見ていこう。

第3章　米中の法規制合戦が招くリスク

第1節　厳格化するアメリカの対中制裁

●全面戦争に入ったアメリカと中国

中国共産党は、アメリカに対して超限戦を行ってきた。中国の最終目標は、自由世界のリーダーであるアメリカを智能化戦争で打ち負かし覇権を握ることである。

グローバル化はアメリカや西側諸国に浸透し、製造の空洞化を引き起こした。そして、アメリカや西側諸国の製造に携わる人々から仕事を奪い、アメリカと西側諸国の中産階級を没落させ、貧富の差が広がった。

グローバル化で起きていることを観察すると、多国籍企業と独裁を維持したい共産党独裁社会の支配層である中国共産党との利害が一致することが見えてくる。

多国籍企業側から見れば、企業の母国の製造業に携わる人たちを犠牲にして、中国に製造を移転することでメリットが出る。西側諸国では法律により労働者が護られているが、独裁政治の中国では、労働者の権利は先進国のように護られていないので、安価な賃金で奴隷のような労働をさせ、コストを下げることで多くの利益を得ることができる。

中国政府の目標は、共産党一党独裁を維持しアメリカから覇権を奪い、中華思想に基づく新しい世界秩序をつくることだ。中国共産党はグローバル化で中国が手に入れる利益で、一党独裁に対する中国国民の不満を逸らし、政権支配を強化することができる。さらに経済のグローバル化で中国があげた利益は、軍事費へ湯水のように使われる。

だが、2015年5月に習近平が発表した産業発展指針「中国製造2025」で、アメリカの中国に対する態度が大きく変わった。

すでに述べた通り、「中国製造2025」は、アメリカにとって「革新的技術（AI、5G通信など）が生み出す巨大市場の覇権をアメリカから奪い取ることを宣言したもの」である。「そのために中国は、アメリカのベンチャー企業に投資を行っている」とし、「中国は、ハイテク兵器の頭脳である半導体のロジックを欧米流の設計から中国式の設計へと切り替え、半導体技術でアメリカより優位に立とうとしている」のである。したがって、今後さらに「中国側の情報通信技術を使用したバックドアを使った機密情報の盗み出しが加速する」ことが考えられ、「不正な手段で移転した技術の軍事転用とその実用化がもたらす覇権拡大によってアメリカの国家安全保障に対する懸念が高まる」と分析された。

日本ではもっぱらマスコミを中心に、産業の世界覇権を目指す「中国製造2025」は日本の経済にたいへんな打撃を与えるという側面から、つまり経済的な問題としてのみ取り沙汰されることが多いが、アメリカは明確に「覇権を奪い取る」「安全保障の問題」として捉えている。そしてそれは具体的に、外資規制と輸出規制を中心とした「経済安全保障」の政策として実際化されている。

２０１７年から２０２０年にかけてアメリカは中国に対して、対米外国投資委員会（Committee on Foreign Investment in the United States＝ＣＦＩＵＳ）の改革、外国投資リスク審査現代化法（ＦＩＲＲＭＡ）を含む２０１９年度国防権限法の成立、技術まで含めて輸出規制を強化する輸出管理改革法（ＥＣＲＡ）の施行など、きわめて強硬的な具体策をとってきた。

すると、中国はなんと２０２０年10月、明らかにそれらのアメリカの政策に敵対するかたちで、輸出規制措置をより強化する「輸出管理法」を成立させた。後に詳しく述べるが、中国のこの輸出管理法は、言ってしまえばアメリカ側陣営と中国側陣営との世界の分断を図るものだ。世界の各国に対して、中国の敵となるのか味方となるのか踏み絵を踏ませるような法律である。中国の輸出管理法の成立によって、アメリカと中国は、投資と輸出を舞台にした全面戦争に入ったと言うことができるだろう。

アメリカと中国が展開する「経済安全保障」をめぐる戦争を理解するために、まずはアメリカがとってきた経済安全保障の歴史を見ていくことにしよう（**図12**）。

●かつてアメリカと戦った日本

１９８０年代、日本はバブル景気に湧いていた。余った金が海外投資へとまわり、日本の企業はアメリカの資産を買い漁った。80年代の後半には、三菱地所によるロックフェラー・センターの買収、ソニーによるコロムビア映画の買収といった出来事も起きた。つまり、１９８０年代後半当時、アメリカの「経済安全保障」の対象は日本だった。

アメリカは１９８８年に「エクソン＝フロリオ条項」を成立させる。外国企業によるアメリカ企業の合併、買収、経営支配権取得がアメリカの国家安全保障を損なうと判断された場合には、その取引を停止または禁止する権限を大統領に対して与える条項である。その審査はＣＦＩＵＳが行う。

「エクソン＝フロリオ条項」は、１９５０年に制定された「国防生産法」第７２１条を修正した条項だ。「国防生産法」は当時勃発した朝鮮戦争に対応するためにつくられた、有事緊急の際には産業界を直接的に統制できる権限を政府に付与するという法律である。

第７２１条は、大統領は外国企業によるアメリカ事業の買収を国家安全保障の観点から審査し、国家安全保障の脅威となる恐れのある取引については必要があれば阻止できる、としており、これを強化したのが「エクソン＝フロリオ条項」だ。

ＣＦＩＵＳは１９７５年、ジェラルド・フォード大統領の大統領令によって設立された政

図 12　アメリカにおける外資規制の流れ

1988年	エクソン＝フロリオ条項：1950 年国防生産法を修正する形で設置
2007年	外国投資及び国家安全保障法（FINSA=Foreign Investment and National Security Act of 2007）
2017年	米中経済安全保障委員会による CFIUS（対米外国投資委員会）改革案が提言される
2018年	2019 年度国防権限法（FIRRMA ＝「外国投資リスク審査現代化法」、ECRA＝「輸出管理改革法」を含む）成立
2019年12月	2020 年度国防権限法成立
2020年2月	FIRRMA 施行
8月	ECRA 施行

府の委員会である。財務長官が議長を務め、国防総省、国務省、商務省など16の省庁の代表者と国土安全保障省からなる委員会だ。「エクソン＝フロリオ条項」は、このCFIUSに投資案件を審査する権限を与えた。

ただし、「エクソン＝フロリオ条項」が実際に発動したことはない。ロックフェラー・センターの買収もコロムビア映画の買収も、「エクソン＝フロリオ条項」の成立後の1989年に起こった出来事である。

なぜなら、当時、不況の底にあったとはいえアメリカの国力は世界で群を抜いていたからである。アメリカの軍事技術は飛び抜けて高かったから、民間企業を日本に多少買収されたところでびくともしなかった。比較的、寛容だったのである。後日談を言えば、ロックフェラー・

センターは買収6年後に買収時の3分の1の価格で買い戻されている。
しかし、2005年と2006年にアメリカの経済安全保障にとって深刻な事件が起こる。

●中国海洋石油集団とDPワールドによる買収劇

ユノカル（Unocal Corporation）という、1890年に設立されたアメリカの歴史ある石油会社がある。1960年代に全米規模の石油会社となり、1980年代にかけては南部アラスカでの石油生産、メキシコ湾での天然ガス生産を中心とする企業として発展。1983年に組織を再編してユノカルは持ち株会社となり、多数の子会社を束ねる大企業となっていた。

2005年、ユノカルは国内の同業企業シェブロンテキサコ（ChevronTexaco）、現在のシェブロン・コーポレーション（Chevron Corporation）との合併に合意する。シェブロンはスーパーメジャーと称される国際石油資本6社のうちの1社である。

この合併に、中国が割り込みをかけた。中国国有石油会社の上位企業に数えられる中国海洋石油集団有限公司（China National Offshore Oil Corporation＝CNOOC）が、より高い価格185億ドルを提示して合併を申し出たのである。

最終的にはシェブロンが171億ドルを提示して決着することになる。アメリカ議会は経済安全保障の問題として国を挙げて中国企業との合併を阻止した。中国政府の金銭的支援を受けた国有企業によって、国家戦略的に重要な自国の産油企業が買われてしまうのはとんでもないという理由からだ。低い額の提示に応じるということは、普通の企業活動原理からすれば異例のことである。

その翌年の2006年、DPワールドというアラブ首長国連邦のドバイに本拠を置く港湾管理会社が、イギリスのペニンシュラ・アンド・オリエンタル・スチーム・ナビゲーション・カンパニー（Peninsular and Oriental Steam Navigation Company＝P&O）という船舶会社を買収した。一見、アメリカとは関係のない話のようであるが、実は関係している。

その理由はこういうことだ。P&Oは、当時世界第4位のターミナルオペレーターだったP&Oマリタイム・サービスという会社を傘下にしていた。ターミナルオペレーターとは、港湾においてコンテナ船の施設利用調整や荷役作業、船社誘致など、コンテナターミナルの運営業務を担当する会社のことである。

そして、P&Oマリタイム・サービスは、ニューヨーク港、ニューアーク港、フィラデルフィア港、ボルチモア港、ニューオーリンズ港、マイアミ港といったアメリカ東海岸の主要港でコンテナターミナルを運営していたのである。

アメリカの港湾防衛にも関係することから、DPワールドによるP&O買収はCFIUS

で審議されたものの、一旦は了承される。時のアメリカ大統領はジョージ・ブッシュだ。治安維持に影響のあるコンテナターミナルの運営がアラブ首長国連邦の企業に移ることを下院議員が問題視し、親アラブ首長国連邦だったブッシュのホワイトハウスとの間で対立、マスコミも交えてかなりの議論になった。

結局この買収は、アメリカ国内での港湾運営については多国籍保険会社のＡＩＧの傘下にあるアメリカの資産管理会社に売却する、ということで決着した。

中国海洋石油集団による買収未遂劇、ＤＰワールドによる買収劇、この二つの事件を通して、アメリカは経済安全保障については「エクソン＝フロリオ条項」では十分な対応ができないと判断した。

そこで２００７年に成立したのがＦＩＮＳＡ（Foreign Investment and National Security Act of 2007＝外国投資及び国家安全保障法）である。

●ＦＩＮＳＡ（外国投資及び国家安全保障法）

ＦＩＮＳＡはエクソン＝フロリオ条項をバージョンアップしたもので、改正のポイントは次の３点である。

1　重要産業基盤（Critical Infrastructure）の概念を導入し、「国家安全保障」の範囲を広げる。つまり軍事上の機密の範囲だけでなく、エネルギーや基幹技術などにまで広げるということ。

2　重要産業基盤とは、不能ないし破壊に陥ると国家安全保障を損なう効果をもたらしてしまう、アメリカにとって必要不可欠なシステムや資産を指す。

3　国家安全保障の見地から、対米投資の審査の際に「何を考慮するのか」の11の基準を規定する。

最後の「3」では、「国家安全保障」の言葉の意味を定義していない。解釈の幅を持たせてCFIUSの裁量にまかせる、つまり、その権限を強化する方向に改正されているのである。

では、考慮すべき11の基準とは何か。次の通りである。

① 国防に必要とされる国内生産。外国のサプライヤーに対する依存度が高まるかどうかを含む。

② 人的資源、製品、技術、資材ならびにその他の供給及びサービスを含む、アメリカの

国防要求を満たす能力。

③　外国人による国内産業と商業活動の支配が、国家安全保障の要求を満たすアメリカの能力に与える影響。

④　軍需製品・設備の取引、あるいはテロリズム、ミサイル技術の拡散、または化学・生物兵器を保持する外国の技術に対する潜在的影響。

⑤　アメリカの国家安全保障に影響する分野における、国際的なアメリカの技術かつ産業的な主導権に対する潜在的影響。特別の懸念を有する国に対するアメリカの技術的かつ産業的優位性を減じる可能性があるかどうかを含む。

⑥　主要なエネルギー資産を含む、アメリカの重要産業基盤に対する潜在的な国家安全保障上の影響。

⑦　アメリカの重要技術に対する潜在的な国家安全保障上の影響。アメリカにとり戦略的な国家安全保証上の優位性をもたらす技術の損失もしくは悪影響を及ぼす可能性を含む。

⑧　外国政府が支配する取引。

⑨　当該国の核不拡散防止体制への遵守具合、テロ対策活動などに関する当該国とアメリカとの関係などの現況に関する調査。

⑩　エネルギー及びその他の重要な資源・原料に対するアメリカの需要の長期的展望。
⑪　その他、大統領及びＣＦＩＵＳが当該取引との関係で考慮すべきとしたその他の要素。

なお、この２００７年のＦＩＮＳＡの時点では、ＣＦＩＵＳによる審査対象はＭ＆Ａ、つまり企業を買収する場合に「経営権をとることになるもの」だけであった。株式で言えば、外国企業が50％超から１００％の間の株式を取得してアメリカ企業の経営権を取得するものだけが、ＦＩＮＳＡにおけるＣＦＩＵＳの審査の対象だった。これも後に改められることになるが、ＣＦＩＵＳとはどういう組織なのかということについて、もう少し詳しく見てみよう。

●ＣＦＩＵＳ（対米外国投資委員会）の権限強化

ＣＦＩＵＳは「Committee on Foreign Investment in the United States」の略で、日本語では「対米外国投資委員会」と訳される。外国資本、外国投資家がアメリカにある会社などを買収する時に安全保障上の問題がないかどうかを審査するための組織で、前述したように、１９７５年、ジェラルド・フォード大統領の大統領令によって設立された。

設立当時のＣＦＩＵＳの主な任務は、対米外国投資のモニタリングや調査だった。それが、

1988年のエクソン＝フロリオ条項によって権限が強化される。

エクソン＝フロリオ条項は外国企業によるアメリカ企業の買収時の審査プロセスを決め、大統領に停止権限を与えた。時の大統領ロナルド・レーガンは、大統領令によってCFIUSに執行権限を与え、CFIUSは外国企業によるアメリカ企業の買収停止についてかくあるべしと大統領に意見具申する機関となった。

CFIUSは、アメリカ合衆国連邦政府内に設置された省庁横断的な組織だ。財務省、司法省、国土安全保障省、商務省、国防総省、国務省、エネルギー省、通商代表部、科学技術政策局の9つの省庁の代表と、それを補佐する行政管理予算局、大統領経済諮問委員会、国家安全保障会議、国家経済会議、国土安全保障会議からなり、そこに国家情報長官と労働省が加わる。

2000年に米議会の諮問委員会として設置された米中経済安全保障調査委員会（USCC）というものがある。上院と下院双方の共和党、民主党の代表で構成されている、米中間の経済と安全保障の情勢を調査・モニタリングする機関だ。

この米中経済安全保障調査委員会が2017年にCFIUS改革案を政府に提出した。提案骨子は次の4点に集約される。

1　中国国有もしくは中国政府が支配する企業によるアメリカ資産取得は禁止すべきである。
2　右記以外の中国企業によるアメリカ資産の支配権獲得に関わるあらゆる取引について審査を義務付けるべきである。
3　中国人が支配する企業によるアメリカへの進出がアメリカの国家安全保障と経済保障の潜在的な毀損をもたらすかどうかの審査を義務付けるべきである。
4　「支配」の定義を拡張すべきである。合弁会社、ベンチャー・キャピタル、ライセンス契約及び中国企業によるアメリカ資産へのアクセスもしくは撤退を可能にするその他の契約も審査すべきである。

つまり、「中国のやることはすべて審査しろ」ということだ。また、米中経済安全保障調査委員会はＣＦＩＵＳが担うべき実務のあり方についても、次のように具体的な改革案を提出している。

①「重要な技術または産業基盤」に関する支配権を可能にするすべての買収もしくは投資の禁止、アメリカの国家安全保障と経済保障が守られていることを確実にするため、国

家安全保障省、商務省、国防総省は、中国企業もしくは投資に不適格な「重要な技術または産業基盤」のリストを準備し定期的に更新せよ。
②　アメリカの国家安全保障を確実に高めるため、アメリカ国内での中国企業の買収の影響審査にネット経済簡便テストを追加せよ。
③　中国企業のメディア資産の買収計画について、中国共産党の宣伝目標に対する当該企業の忠実さの歴史的推移とアメリカ世論に対する潜在的影響力の観点から審査することを義務付けろ。
④　CFIUSの法的措置と活動における持続的バイアスについて、議会が任命する独立審査パネルに審査権限を付与せよ。
⑤　CFIUSメンバーの全会一致なしで審査開始できるようにせよ。

近年のアメリカが、共和党・民主党を問わない超党派で、つまり、いかに国を挙げて中国に対して警戒心を強めているか、ということをよく表している。しかし、海外、特にアメリカで認識されているこうした中国の危険性というものは、日本においてはほとんど報道されていない。

そして、米中経済安全保障調査委員会の提言を受けるかたちで2018年、「2019年度国防権限法」が成立した。中国との投資取引に関する規制をさらに強める法律だ。

●資本移動がなくても申請審査を義務付けた「2019年度国防権限法」

国防権限法は、国防予算の大枠を決めるためにアメリカの議会が毎年通す法律である。2019会計年度の国防権限法は、超党派の賛成、具体的には2018年7月27日にアメリカ下院にて賛成359対反対54で可決、8月1日に上院にて賛成87対反対10で可決され、8月13日にトランプ大統領（当時）による同法案への署名が行われ成立し、2020年8月13日にすべての法律が発効した。共和党と民主党の垣根を越えた賛成だった。

この、いわゆる「2019年度国防権限法」には、二つの重要な法律が含まれている。海外からの投資規制を強化したFIRRMA（外国投資リスク審査現代化法）と、輸出規制を強化したECRA（輸出管理改革法）だ。ともに特定の国を名指ししているわけではないことを指摘しておくが、事実上、中国に対する規制を強めることを目的とした法律であることは明らかである。

2019年度国防権限法が成立する過程の中で、2018年3月、米通商代表部から注目すべき報告書が政府に提出されている。通商法301条に基づく調査報告書である。通商法301条は、外国による不公正な貿易慣行に対しては、大統領の判断で一方的に関税引き上げなどの制裁措置がとれることを定めていることでたいへんよく知られている。

米通商代表部による報告書は、中国政府が「中国製造２０２５」の方針の下で、いかに強引な方法で海外から技術を獲得しているかなどについて指摘した。

例えば、中国政府は高度化を目指す自動車、船舶、航空機製造などを制限業種に指定し、これらの業種の海外企業が中国市場で事業を行うためには、中国企業との合弁を組むことを義務付けている。つまり中国政府は、中国国内市場へのアクセスを餌にして、合弁相手の中国企業からの要求という間接的な方法で、中国への技術移転を要求するのである。

報告書はまた、航空、半導体、情報技術、バイオテクノロジー、産業機械、再生エネルギー、自動車の各分野における中国企業のアメリカ企業買収事例を分析していた。中国国家開発銀行（ＣＤＢ）や中国輸出入銀行などが中国企業にＭ＆Ａ資金供与を行っている、つまり中国が国ぐるみで企業買収に強く関与していることを示唆する報告となっていた。ベンチャー企業に対しては、アメリカのベンチャー・キャピタルを通じた中国企業の投資が増加していることも指摘している。

図13・14は、中国企業による外国企業へのＭ＆Ａ件数と、中国企業による外国企業へのＭ＆Ａ金額の推移である。アメリカだけではなく全世界を対象としているグラフであることをお断りしておく。

件数については、オバマ大統領の時に顕著に上がり、トランプ大統領に政権交代して少し下がっている。2019年については件数がわずかに上がった。

特徴的なのは金額の推移だろう。件数の推移に比例していない。これはおそらく、米中貿易戦争で外貨準備高が減り、大型のM&Aができなくなったからと思われる。大きな企業は買えなくなってきている状況にある、ということだろう。その代わり、小さい買収が増えているのである。

「安全保障貿易情報センター（CISTEC）」の報告書によれば、2020年のFIRRMAの施行により、FINSAから変更になったポイントは次の4つである。

1　CFIUSの審査対象が大きく拡大した。
2　経営権取得を伴わない投資（Non-Controlling Investments）でも審査対象になった。
3　CFIUSが審査するべき項目に9項目が追加された。
4　外国人による不動産取得規制が導入された。

「1　CFIUSの審査対象が大きく拡大した」というのは、これまで審査対象外だった重要技術、インフラ、機微な個人情報などを扱う米国事業（Technologies, Infrastructure,

図 13　中国企業による外国企業へのM&A件数

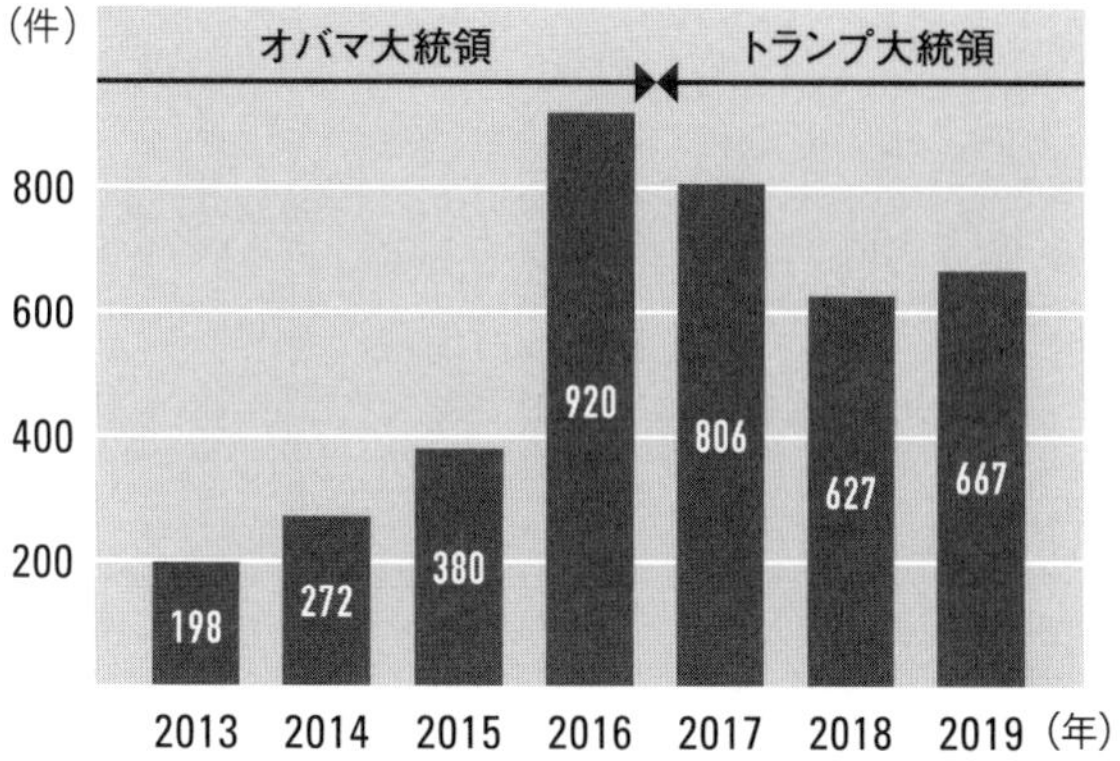

［PwC M&A 2019 Review and 2020 Outlook］

図 14　中国企業による外国企業へのM&A金額

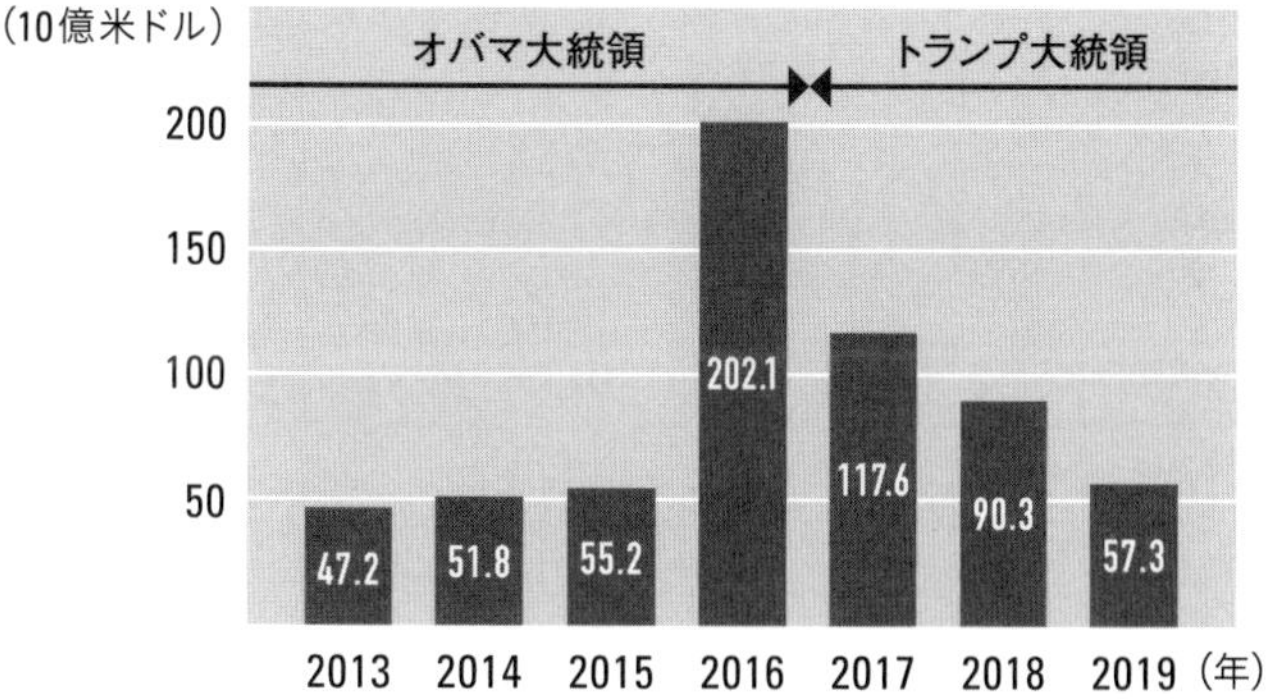

［PwC M&A 2019 Review and 2020 Outlook］

sensitive personal Data U.S. business（以下、「ＴＩＤ　ＵＳビジネス」という）にまで審査対象を拡大したことである。ＣＦＩＵＳによる審査対象となる米国事業＝「ＴＩＤ　ＵＳビジネス」とは、以下の①から③を指す。

① 重大な技術（critical technologies）を生産、設計、テスト、製造、変改もしくは開発している米国事業関与者。

② 重大なインフラ（critical infrastructure）を保有、運用、製造、供給、もしくはサービスしている米国事業関与者。

③ 米国人の機微な個人データ（米国の国家安全保障に関わるもの）を保有もしくは収集している米国事業関与者。

次に「2」についてだが、外国人が次のＡからＣの行為を行う場合、経営権取得を伴わない投資（Non-Controlling Investments）でもＣＦＩＵＳの審査対象になる。

Ａ　ＴＩＤ　ＵＳビジネスの実質的な非公知情報へのアクセスが可能になる場合。

Ｂ　ＴＩＤ　ＵＳビジネスの役員または役員に準じる職位もしくはその選任が可能になる

場合。

C　株式の議決権行使以外の方法で、以下ａからｃのいずれかについて米国事業への意思決定に関わることができる場合。

ａ　ＴＩＤ　ＵＳビジネスが保有または収集している米国人の機微な個人データの利用、取得、保持もしくは開示。

ｂ　重大な技術の利用、開発、獲得、もしくは開示。

ｃ　重大なインフラの管理、運用、製造、もしくは供給。

パイロット・プログラムつまり法律の運用試験段階では、ＴＩＤ　ＵＳビジネスには27業種だけが選定されていた(図15)。この27業種において開発または利用される重大技術の設計、開発、製造、試験などに従事する米国事業関与者への支配を及ぼす投資は、ＣＦＩＵＳへの事前申告が義務付けられていた。

注目すべきなのは、２０１９年度国防権限法の改正下位規則においてこの27業種が削除され、重要技術が事前申告義務の対象となり、投資範囲が大幅に拡大するということである。つまりアメリカは、27業種ではなく重要技術を全部審査するということにしたのだ。軍民両

産業
探査、検知、航行、案内、航空、航海システムおよび装置製造業
半導体および関連装置製造業
半導体機械製造
蓄電池製造業
電話機器製造業
タービンおよびタービン発動機製造業

［大和総研「米国対内投資規制の一部が施行開始」2018年11月21日］

図15　FIRRMAのパイロット・プログラムでCFIUSの審査対象となっていたTID U.S.ビジネス27業種

産業
航空機製造業
航空機エンジン及びエンジン部品製造業
アルミナ精製および一次アルミニウム製造
ボールベアリング、ローラーベアリング製造業
コンピュータ記憶装置製造業
コンピュータ製造業
誘導ミサイル、ロケット製造業
誘導ミサイルおよびロケット推進ユニット、推進ユニット部品製造業
装甲車、戦車、戦車部品製造業
原子力発電所
光学機器、光学レンズ製造業
その他の基礎的無機化学製品製造
その他の誘導ミサイル及びロケット部品、補助装置製造業
石油化学製品製造業
粉末冶金部品製造業
配電特殊変圧器製造業
一次電池製造業
ラジオ、テレビ放送、無線通信機器製造業
ナノテクノロジーの調査研究業
バイオテクノロジーの調査研究業（ナノバイオテクノロジーを除く）
アルミニウム第二次製錬および合金製造業

用技術、機微技術を含め、アメリカの先端技術には指一本触れさせないということである。

「3」についてだが、FIRRMAは2007年のFINSAでは11項目だったCFIUSの「考慮すべき基準」（156ページ参照）に次の9項目を追加している。

① 国防、諜報、または他の国家安全機能に必要な機器及びシステムの取得もしくは維持費用が増大する可能性。
② 産業基盤、エネルギー資産、重要な材料、もしくは重要な技術のいずれかにおける外国人の累積的市場シェアがもたらす潜在的な国家安全保障上の影響。
③ 当該取引に係る外国人の米国法令及び米国政府機関との契約などへの遵守状況の履歴。
④ 国家安全保障上の脅威となりうる米国市民の個人識別情報、遺伝情報その他の機密情報への国家政府もしくは外国人によるアクセス。
⑤ アメリカに対する新規のサイバー攻撃を創出もしくは既存のサイバー攻撃を加速させる影響。
⑥ 連邦機関の選挙結果への影響を意図した活動を含む、外国政府が不正なサイバー活動に取り組む新規の能力につながる可能性。

⑦　審査対象の取引に関与する米企業が有する重要技術の獲得という戦略的目標を提示もしくは宣言している、特別の懸念を有する国の関与。
⑧　犯罪もしくは詐欺的活動を促進する可能性。
⑨　国家安全保障上の機密情報または連邦政府の法執行機関の手続きや運用に関する機密情報の不正な外国人への漏洩の可能性。
［みずほ総合研究所「安全保障に基づく対米投資規制の強化（ＣＦＩＵＳ改革）」２０１８年5月17日］

●外資による土地所有を規制

最後の「４　外国人による不動産取得規制の導入」であるが、アメリカ国内の民間・公共の不動産を外国人に売却、貸与、譲渡する取引のうち、国家安全保障に影響を及ぼすと考えられるものについては、新たにＣＦＩＵＳの審査対象となった。

この不動産に関する規制については、２０１２年にそのきっかけとなった事件が起こっている。オレゴン州で風力発電所の建設を手掛けていた米国企業を買収した、中国系の電力会社ラルズコーポレーションという企業がある。ラルズは風力発電施設の建設を計画した。ところが、その建設予定地がアメリカ海軍の規制空域と重なっていたため２０１２年9月、当時のオバマ米大統領はＦＩＮＳＡ法を発動して建設中止命令を出したという事件である。

その後、２０１９年度国防権限法により、空港と港湾及びそれらの中に存在、またはそれらの一部として機能する不動産に加え、特定の軍事施設に近接した不動産については次の四つのグループに分類され、外国人による取得が規制されるようになった。つまり、ＣＦＩＵＳが審査する、ということだ。

ア　指定されるアメリカの軍事施設に１マイル（１・６キロメートル）の範囲内で近接する不動産。
イ　指定されるアメリカの軍事施設から一定の範囲（１マイルから10マイル）にある不動産。
ウ　コロラド州、モンタナ州、ネブラスカ州、ノースダコタ州、ワイオミング州の特定の郡内の空軍基地ミサイルの近くにある不動産。
エ　沖合の一定の地理的地区に存在する不動産。

ＣＦＩＵＳは、こうした地域での外国人による不動産の購入、リース、土地使用権の財産権の付与について審査を行う。

つまり、アメリカはＷＴＯ（世界貿易機関）に加盟して外国人による土地購入についてある程度の自由を保証しながらも、安全保障を理由にして、外資による土地取引の規制を法制化した、ということである。メディアも評論家もほとんど指摘していないが、これは画期的なことだ。

前述したように、日本では今、外資による北海道や対島の土地の買い漁りが問題として顕在化している。アメリカの２０１９年度国防権限法の方法論は、日本にとって大いに参考となるはずだ。日本においても、安全保障を観点とした、防衛施設周辺の土地取得を審査規制する新法を制定できるはずである。

●日本はなぜホワイト国に選ばれなかったのか

さらにＦＩＲＲＭＡでは、新たにいわゆる「ホワイト国」を設置した。これは、米企業の過半数以上の株式を取得する企業買収以外の行為については、ＣＦＩＵＳによる審査権限の対象外となる、「適用外外国政府」及び当該政府との結びつきの強い「適用除外投資家」のことである。

２０２０年1月、オーストラリア、カナダ、北アイルランドを含むイギリスがホワイト国に選定された。アメリカと緊密な同盟関係にあること、アメリカとの情報共有に関して強力な取り決めがあることが選定の理由である。

だが日本は、前年に改正外為法を成立させてアメリカと歩調を合わせたにもかかわらず、ホワイト国の選定から外れてしまった。

では、なぜ日本はホワイト国から漏れてしまったのだろうか。さかのぼれば、1987年に東芝機械ココム違反事件が起きた。これはソ連に加担した、西側陣営に対する裏切り行為であった。だが、日本企業の問題はこれだけではない。

ソ連崩壊後の2005年には、ヤマハ発動機の無人ヘリ不正輸出事件が起きた。中国企業に対して、外為法上輸出許可が必要な無人ヘリコプターを無許可で輸出したのである。農作散布用として輸出したのだが、当然、農薬を毒ガスに詰め替えることも想定できるし、カメラを搭載すれば無人偵察機になる。この事件は外為法違反で起訴されるとともに、西側陣営で問題となった。

また、中国の技術移転にからむ事件として、2007年にはトヨタ系の大手自動車部品メーカー・デンソーにおいて、中国国籍の社員が技術データを盗み出す事件が起きている。外部メモリーにデータを移して持ち出されたものだが、コピーされた技術データは13万件にも及んでいた。デンソーの事件は情報管理についてワキが甘かったことによる被害事件だ。

他に最近の日本企業が中国に加担する事例についてはすでに前章で紹介した通りであるが、経済安全保障の観点から日本政府が法整備を怠ってきたため、ホワイト国に選ばれなかったと受け止めるべきだろう。

●ECRA（輸出管理改革法）

２０１９年度国防権限法には、ＦＩＲＲＭＡと並ぶもう一つの重要な法律ＥＣＲＡ（Export Control Reform Act＝輸出管理改革法）が含まれている。これは１９７９年に制定されたＥＡＡ（Export Administration Act of 1979＝輸出管理法）を改正して復活させたものだ。ＥＡＡは安全保障、外交政策、物資不足の三つの理由に基づいて輸出規制がかけられる、という法律だった。

実はＥＡＡは２００１年に失効している。「復活」とはそういう意味である。つまりアメリカは２０１８年にＥＣＲＡを成立させるまでの17年間、輸出管理法なしで動いてきたわけだ。その間、アメリカは国際緊急経済権限法といった他の法律や大統領令で輸出管理を運用してきた。輸出管理法の復活は、近年、いかにアメリカが輸出による技術流出、特に中国が国策として行っている技術移転について危機感を持っているかをよく物語っている。

ＥＣＲＡにおいて押さえておくべきポイントは四つある。

まず一つ目は、エマージング技術と基盤技術についての規制が追加されたということだ。エマージング技術（Emerging Technology）とは、将来において実用化が期待できる最先端技術を指す。基盤技術（Generic Technology）とは、企業の基礎的な技術のことだ。各企業はそれぞれに基盤技術を持っていて、それをベースに独自の製品開発を行っている。

二つ目は、包括的武器禁輸国の許可要件に関する検討が指示されているということだ。「軍事エンドユース・ユーザー規制の許可要件の範囲」及び「許可不要とされているもの（許可例外）についての許可要件の是非」については常に検討される。

軍事エンドユースとは、最終的に軍事に使われる物品に係る、という意味だが、その定義は拡大され、軍事用品の操作、取付、保守、点検、修理、更新、開発、生産などを支援あるいは協力する間接行為も含められた。

そして軍事エンドユーザーとは軍事エンドユースを行うあらゆる個人、機関、法人、組織を指す。例えば中国の千人計画に参加した日本の学者が、どんな分野で参加したかに関わらず軍事エンドユーザー扱いを受ける可能性もある、ということだ。

三つ目は、情報通信技術、サービス・サプライチェーンのセキュリティ確保という分野を名指しで挙げ、これをしっかりやらないと国際緊急経済権限法（ＩＥＥＰＡ＝International Emergency Economic Powers Act）の適用を受けて金融制裁を受けるぞ、という大統領令が出ていることである。

そして四つ目は、エンティティリストに記載された企業の製品及びその利用企業の製品などのアメリカ政府への調達を禁止している、ということだ。実はここには、日本にとってたいへん深刻な問題がある。

●日本企業が直面する「アメリカ政府との取引停止」

繰り返しになるがエンティティリストとは、アメリカ政府が「アメリカの国家安全保障または外交政策上の利益に反する行為をした」と判断した団体や個人をリストにしたものだ。商務省が管理している。リスト掲載者に対してアメリカの物品やソフトウエア、技術をはじめとする製品を輸出・再輸出・みなし輸出（アメリカ国内でアメリカ国籍以外の者と販売取引すること）などを行う場合には、事前許可が必要となる。「原則不許可（presumption of denial)」である場合が多い。

２０２０年８月26日、米商務省の産業・安全保障局がエンティティリストに中国企業24社を追加すると発表した。追加された企業は、中国の国営企業である中国交通建設（ＣＣＣＣ）の五つの子会社を含む、インフラ分野を中心とした24社だ。さらに同年12月には半導体製造のＳＭＩＣ、ドローン製造のＤＪＩなど77社とその関連企業をこのリストに追加した。

あくまでも「追加」である。２０１９年度国防権限法の全法律が発効した２０２０年８月13日時点では、エンティティリストには、通信の「ファーウェイ」、同じく通信の「ＺＴＥ」、監視カメラの「ハイクビジョン」、同じく監視カメラの「ダーファア・テクノロジー」、業務無線の「ハイデラ」などがすでに載っていた。ちなみにファーウェイがエンティティリストに掲載されたのは２０１９年5月である。

前章で、監視カメラにおける日本企業と中国企業との取引について触れた。ここに、日本にとってたいへん深刻な問題の具体例がある。

ＥＣＲＡで決められた「エンティティリストに記載された企業の製品及びその利用企業の製品などのアメリカ政府への調達の禁止」は、「エンティティリストに載っている中国企業の製品を部品として使った商品を販売する企業や、中国企業の製品を部品として組み込んだシステムを社内で使っている企業はアメリカ政府と取引禁止になり、その会社の製品はすべてアメリカ政府には納入できなくなる」ということを意味している。

東京新聞２０１９年11月26日付《中国の制裁企業と日本との関わり》の見出しで掲載された記事に基づき、Ａ社がハイクビジョンに監視カメラの生産を委託しているとしよう。ＥＣＲＡに基づいてアメリカ政府との関係を図式化すると**図16**のようになる。

Ａ社からの生産委託に基づき、ハイクビジョンが監視カメラを受託製造してＡ社に売る。この時点で、生産委託品なのでＡ社のロゴマークがついてＡ社ブランドの監視カメラになっている。

こうしたＡ社ブランドの監視カメラを各企業が導入して使用したとする。その場合、Ａ社ブランドの監視カメラを使っている企業は、その企業が商品化するすべての製品をアメリカ政府に売ることはできなくなる。

例えばC社がA社ブランドの監視カメラを社内で使っていたとする。すると、C社の製品はすべてアメリカ政府には納入できなくなる。

ハイクビジョンへの生産委託ではなく、B社のようにユニットつまり部品をハイクビジョンから買い、自社工場で組み立てて製品化している企業も同じことである。アメリカ政府とは取引できない。もちろん、ハイクビジョンの監視カメラそのものを製品に組み込んだD社の製品は完全に出入り禁止である。

東京新聞記事《中国の制裁企業と日本との関わり》で言うならば、パナソニックや日立、NTT、シャープ、東芝といった企業から出ている監視カメラを使っている会社は、それぞれの企業に対して、「ハイクビジョンとは関係していない」という証明書をとらないと、2020年8月13日をもって、アメリカ政府との取引ができなくなるという事態が生じている。C社のように「監視カメラを使っているだけなのに」と言ったところで、その企業の全製品はアメリカ政府と取引できない。

論点は、「ハイクビジョンやダーファ・テクノロジーに生産委託した製品の中にバックドアやスパイチップが密かに使われていたらどうなるのか」ということである。アメリカ政府

図 16　アメリカ政府との取引ができなくなる例

※東京新聞記事に基づき、A 社がハイクビジョンに監視カメラ生産を委託していると仮定。

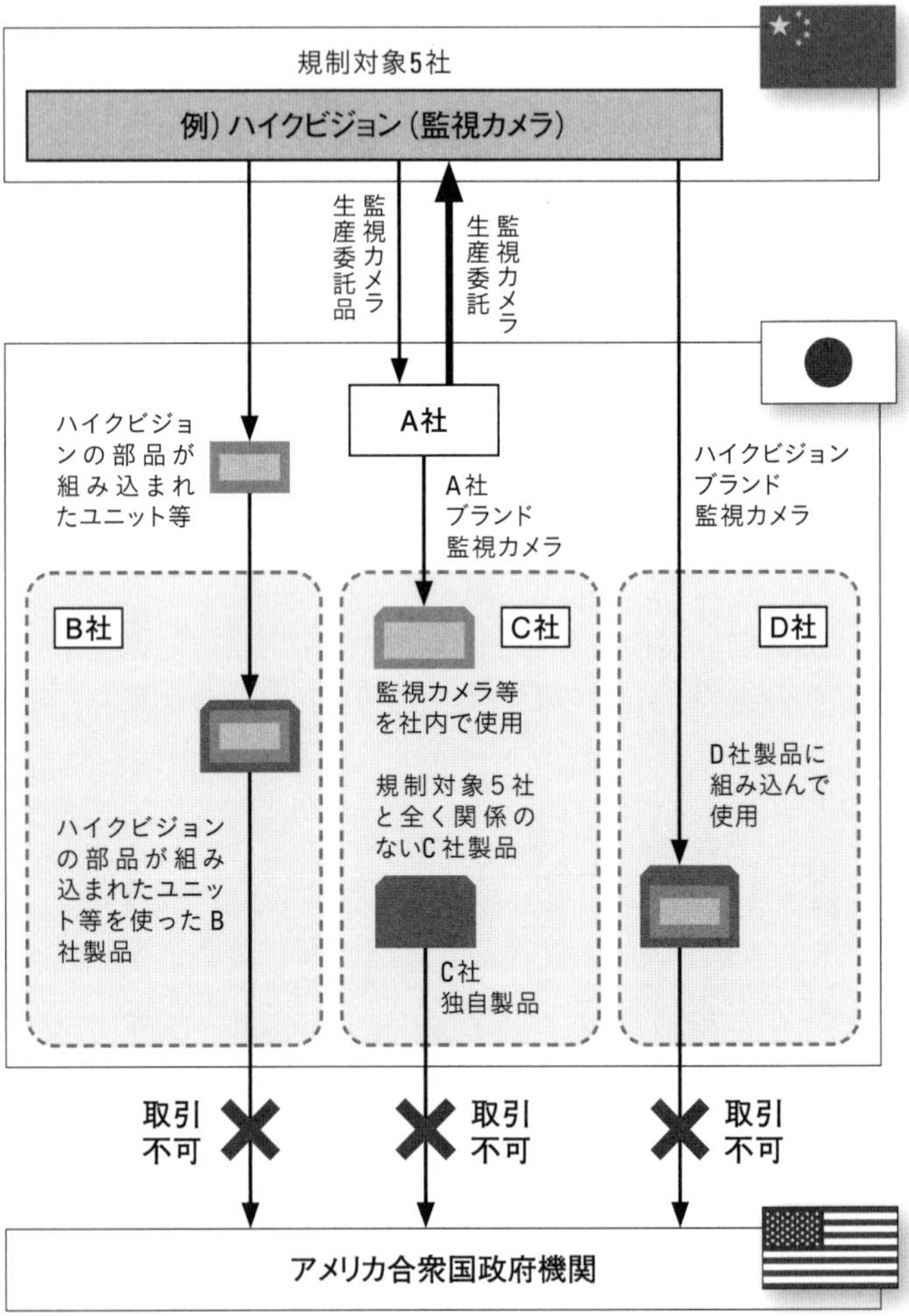

の機密情報が外国企業を抜け穴にして中国共産党側に伝わるリスクを徹底的に排除する方策が、先ほどＥＣＲＡのポイントの四つ目に挙げた、「エンティティリストに記載された企業の製品及びその利用企業の製品などのアメリカ政府への調達の禁止」なのである。

「アメリカ政府」という輸出市場は、日本全体の輸出規模の２％くらいだと聞いている。額が小さいこともあるからだろう、各マスコミとも大きな問題とはしていないようだが、私はこの規制はアメリカの民間企業との取引へと広がるだろうと考えている。

今はアメリカ政府に範囲を限っているが、政府と密接な関係にある、例えば航空機メーカーのボーイングやロッキード・マーティンなどは、おそらく同じルールを課してくるはずである。やがてアメリカ国内の主要なものづくり企業との取引全体に関わってくるだろう。

すべては２０１９年度国防権限法が成立した２０１８年８月の時点でわかっていたことだ。私はＥＣＲＡとＦＩＲＲＭＡの規制の厳しさについて、当時から機会のあるごとに指摘してきたが、日本の各メディアが２０１９年度国防権限法の凄まじさを伝え始めたのは２０２０年後半に入ってからのことだ。日本の企業人の中にも、いまだにこの法律の本質を知らない人は多い。

●学術界対策を強化した「2020年度国防権限法」

さらにアメリカでは2019年12月、2020年度国防権限法が成立した。2020年度国防権限法は、2019年度国防権限法において大きく方向転換した経済安全保障を、上乗せ補強するものとなっている。2019年度国防権限法はどちらかといえば産業界にスポットライトを当て、企業買収規制や輸出規制を対象にしていたが、2020年度国防権限法は、中国への技術移転が「だだ漏れ」になっている学術界に対する対策を強化した。

2020年度国防権限法はまず、「軍事関連研究組織・大学のリスト作成指示」を行っている。特に中国とロシアを対象とした指示である。どういった大学が中国の軍事開発に貢献してしまっているのか、そういった情報を収集してしっかりとしたリストをつくりなさい、ということだ。リスト化された研究組織や大学はおそらくエンティティリストに追加されるはずだ。

「ビザ発給の厳格化」もまた盛り込まれた。2019年頃から、例えば中国人留学生になりすました人民解放軍の軍人による軍民両用技術の研究行為が摘発されるなど、FBIによるスパイ逮捕と摘発が目立ってきている。それを受けて、アメリカ政府は軍民両用技術を研究する中国人留学生向けのビザ発給を厳格化した。

アメリカ政府の統計によれば、2020年7月時点で同年に「F-1ビザ」と呼ばれる学生ビザを獲得した中国人は１４５人にとどまっている。２０１９年は同じ期間でなんと2万を超えるＦ‐１ビザが発給されていたのである。ラジオ・フリー・アジア（ＲＦＡ）というアメリカのラジオ局は２０２０年9月14日付で、国務省領事局のデータを基に、7月に在中国米大使館、在上海米総領事館、在広州米総領事館が承認したビザはわずか4件だったと報じた。つまり、残りの１４１件は学生ビザの「更新」である可能性が高い。いかに現在、アメリカが、中国人留学生に対して安全保障上の警戒心を抱いているかを示している。

２０２０年度国防権限法はまた、「エンティティリストへの追加指定」を行い、「ＵＬ（Unverified List＝未検証リスト）の充実」を指示している。

ＵＬとは、「機微技術の入った製品を仕入れたのはわかっているが、それをどこに売ったかよくわからない会社」を集めたリストである。商社や貿易業者に多い。日本の企業においても、売り先が不明な商売をしているような会社はＵＬに載る可能性がある。疑惑が深ければ、エンティティリスト入りする。

他に特徴的なところでは、「中国の鉄道車両及びバスの購入禁止」を決めている。実はアメリカでは、中国製の鉄道車両やバスが主要都市で利用されている。

世界最大手の中国中車（ＣＲＲＣ）は近年、ロサンゼルスやシカゴ、ボストン、フィラデルフィアといった都市と地下鉄プロジェクトの契約を締結している。低価格と地元における鉄道車両工場の建設などの好条件を出して入札に勝ち続けているのである。ニューヨークにおいても、地下鉄の信号や乗客人数の増加集中などを改善する新テクノロジーを採用した地下鉄システムと新型車両の導入が検討され、首都ワシントンＤＣにおいても、２０２４年の新型車両入札が予定されていた。

しかし、ここにも情報流出の問題がある。識者及び議員から、鉄道車両システムを通じたマルウェアなどによるサイバー攻撃やＡＩ監視カメラなどによる情報搾取の懸念が下院公聴会をはじめとする公式の場で指摘されたのだ。そして２０１９年５月には、上下院それぞれから、中国中車（ＣＲＲＣ）とのプロジェクトに対する連邦政府予算の投入を禁止する決議案が出されていた。

「北朝鮮制裁違反の非米国銀行への制裁」を目的とした「オットー・ワームビア北朝鮮核関連制裁・執行法」も成立している。この法律は北朝鮮の違法金融取引を助ける海外の金融機関に対する制裁を義務付けることを骨子とし、北朝鮮と取引したり取引を助けた個人、機関のアメリカ国内の資産を凍結し、新規の口座開設を制限する。オットー・ワームビアとは、２０１６年に北朝鮮に拘束・拷問された翌年に、脳損傷による昏睡状態で帰国し、その後に死亡したアメリカ男性の名前である。

また、「アメリカ政府による中国製ドローンの購入禁止」も決定した。米陸軍は２０１７

年から利用禁止としていたが、民生用では中国ＤＪＩ社製のドローンが圧倒的シェアを占めていた。一説に、世界のドローンの70％はＤＪＩ社製だという。

ＤＪＩ社製のドローンは、特に米内務省の各種観測・監視、計測、防災の分野で定着していた。内務省では、２０１９年7月時点で、セキュリティ審査で合格した特別仕様のドローンのみ利用を継続することにしたが、同年10月以来、スパイ行為に使用される懸念の声が高まったことを背景に、所有する中国製ドローンの使用を停止している。前述したようにＤＪＩは２０２０年12月にエンティティリストに追加されている。

２０２０年度国防権限法は、細かい部分にわたって具体的に指示・規制をかけている法律だが、いずれにせよ、現在アメリカが中国に対してどう考え、どう対応しているのかをきわめて明確に物語っている。

●金融制裁と産業スパイに対する制裁

２０２０年に入って以降、アメリカはさらに顕著に、「武器を使わない戦争」としか言いようのない制裁を中国に対して行っている。大きく分けて、金融制裁と産業スパイに対する制裁の二つだ。

２０２０年5月13日、アメリカの連邦職員向けの年金基金を運営する連邦退職貯蓄投資理事会（ＦＲＴＩＢ）は、中国株への投資を延期すると発表した。中国株に投資すれば、株はドルに変わることになる。中国マネーの供給源を止めようという対策である。これは、発行済の中国既存株に対する締め付けである。

８月６日には、金融市場に関する米大統領作業部会が、アメリカで上場する中国企業の開示要件を厳格化するよう勧告した。アメリカの株式市場に上場する中国企業の財務の透明性をはっきりさせようということだ。

従来は、監査法人による監査を受けずに、また、それを拒否したとしても上場できていた。ところが、あまりにも粉飾決算がひどいということを理由に、第三者による監査を受けていないような会社は上場廃止ということになった。

これはつまり中国に対して、もはやアメリカの金融市場からの資金調達はさせない、ということだ。上場すれば、株券と交換でドルを吸い上げられる。それを止めた。新規上場の中国株に対する締め付けである。アメリカは中国企業を追い出しにかかっている、ということである。こうしたことを背景に、中国の電子商取引企業アリババなど、大手中国企業が香港の株式市場に逃げ込んでいる。

また、米上院で可決された「外国企業説明責任法」が12月２日に下院でも可決された。中国企業を含むすべての外国企業が適用対象で、３年連続してアメリカの公開企業会計監視委員会の監査基準に満たなかった場合、または違反した場合には上場廃止となる。また、上場する外国企業に対しては、自国政府の支配下にないことを証明する義務を課している。

さらに11月12日、トランプ大統領（当時）はアメリカの投資家が中国人民解放軍と関係の深い中国企業の株式などの購入を禁止する大統領令に署名した。対象は前述したように、**図3**のアメリカ国防総省の作成したリストに含まれる35社が対象だ。35社には中国版軍産複合体も含まれている。この大統領令は年金基金や保険、個人などアメリカのあらゆる投資家が対象となる。

大統領令によると、２０２１年１月11日以降、アメリカの投資家がそのリストに入った個別銘柄や、そうした企業群に投資するファンドを購入できなくなる。すでに保有する分についても２０２１年11月までに売却しなければならない。トランプ政権は声明で、リストに入った企業は中国人民解放軍の能力向上に寄与しており、アメリカの安全を脅かしていると指摘した。

ところで、２０１９年11月27日にアメリカで「香港人権法」が成立した。この法律について私が最も注目するのは、香港における米ドルペッグ制の停止を可能とする条項だ。

中国の通貨・人民元は、事実上、米ドルとの交換性がある。人民元と香港ドルとの交換性をもって米ドルに替えることができる。

人民元はいちおう、儲かったら中国で再投資せよという名目の下、国外への持ち出しができない通貨だ。そうした名目をかいくぐるために、中国共産党は香港というドアを用意した。香港においては人民元と香港ドルの交換、そして香港ドルから米ドルへの交換が認められている。儲けた人民元は香港でドルに替えられ、海外へ持ち出されている。

だが、香港人権法の米ドルペッグ制停止条項を発効させると、人民元はドルと交換できなくなる。これをやると中国経済は行き詰まる。石油をはじめ、ドルでなければ購入できない国家運営に必須の品というものがあるからだ。

ただし、この法律はアメリカにとっても諸刃の剣で、アメリカ経済にも重大な影響が出る。まさに、肉を切らせて骨を断つ、最終兵器的な措置である。

こうした金融上の脆弱性があるために、中国はかねてから人民元を基軸通貨にしようとしている。しかし、米ドルが基軸通貨であるという線は動かない。世界の基軸通貨たるには、自給自足が可能な国であること、輸出大国であること、軍事力においてもトップクラスであることなど、正当な理由を必要とするのである。

6月17日に成立した「ウイグル人権法」も金融制裁の一環である。ウイグル族弾圧に関わった中国当局者らを特定する報告書を議会に提出するよう求め、資金凍結やビザ取り消しなどの制裁を科すよう大統領に対して要請できるという法律である。

産業スパイ行為に対する制裁も厳しいものと化している。海外留学を経験して中国で働く人材を中国では「海亀」と呼ぶが、この海亀対策、つまり中国留学生に対するビザ発給の大幅な規制や、なりすまし留学生の摘発についてはすでに述べた。

7月22日にアメリカ政府はテキサス州ヒューストンにある中国総領事館の閉鎖を命令したが、これもスパイ対策であり、国務省報道官は「アメリカの知的財産権とアメリカ国民の個人情報を守るため」と声明している。千人計画の協力者についても、あらゆる法律を駆使して逮捕にかかり、「研究開発における外国からの研究コミュニティに対する影響懸念対策」を打ち出した。外国からの研究コミュニティとは、「留学生同士を相互監視させる組織」のことだ。この組織に対して、技術流出行為を監視強化していく、ということである。

また、千人計画のようなアプローチに対しては、「Safeguarding American Innovation Act」という法案が超党派で提出されている。法案には、「海外客員教授・学者を規制する」「研究助成金受注及び報告義務の取り締まり権限を拡充する」「外国からの支援金、寄贈品等の報告義務を強化する」などの対策が盛り込まれている。

アメリカが圧倒的なシェアを誇る製造及び研究開発に使用されるコンピュータ・ソフトウエアも利用制限がかけられることになった。これはスパイ行為を締め出すというよりも、スパイ行為によって吸い上げられた先端技術が製品化されることを防ぐためのものである。

オリジナルのソフトウェアツールを持たない中国は、これによって研究開発がストップする。

●ファーウェイに対するハイテク部品禁輸措置

中国の通信機器最大手ファーウェイ（華為技術）に対する、アメリカのハイテク部品禁輸措置という制裁は2019年5月15日に始まった。米商務省が、制裁対象のイランとの金融取引に関わったという理由からファーウェイを「エンティティリスト」に追加したのである。

アメリカに規制される以前のファーウェイの製品製造プロセスをまずまとめておこう。

半導体の設計ソフトウエアはアメリカが圧倒的優位にある。日本や台湾などの半導体会社は、アメリカのハイテク企業から設計ソフトウェアの使用許諾を受けて半導体を設計している。しかし、半導体そのものをつくるためには、半導体製造装置と半導体材料が必要だ。

半導体製造装置については、実は日本、欧州とアメリカでほぼ全世界のシェアを占めている。半導体製造装置メーカーは、半導体をつくる会社に製造装置を売るのが仕事だ。半導体をつくる会社は、半導体製造装置を工場に設置し、アメリカのソフトウェアを使って設計した半導体を半導体材料を使ってつくり、ファーウェイをはじめとする通信機器メーカーに売っていた。ファーウェイは、そうした部品を集めて製品を組み立て、世界市場に対して販売していたわけである。これが、そもそもの流れだ。

２０１９年5月、アメリカ政府は自国の会社に対して、「もうファーウェイには半導体を売るな」と指示した。アメリカは売らなくなったが、しかし、韓国や日本は引き続きファーウェイに半導体を売った。ファーウェイはスマートフォンのＯＳにグーグル製のアンドロイドは搭載できなくなったので、アンドロイド以外のＯＳを積んだスマホを売って事業を続行した。

そうした事態に対してアメリカは２０２０年5月、ファーウェイ向けに製品をつくるならアメリカの設計ソフトウエアや製造装置は使わせないことに決め、9月にファーウェイに対するアメリカの半導体輸出規制が発効した。これによって、ファーウェイをめぐる部品供給環境がどうなったか。

日本には、半導体メーカーとしてソニーやキオクシア（旧・東芝メモリー）がある。アメリカは両社に対して、ファーウェイ向けの半導体を出荷しないように求めた。

台湾は、メディアテックという会社が設計をしてＴＳＭＣという会社が製造するという分業体制をとっている。韓国のサムスンやＳＫハイニックスは日本と同じような状況だ。

中国にはＳＭＩＣという半導体製造メーカーがある。ファーウェイに対してアメリカをはじめ、日本や台湾、韓国が部品を売ってくれなくなると、中国国内で半導体をつくってファーウェイなどへ供給することを考える。

そこで、アメリカは設計ソフトウェアのライセンスを停止するのと同時に、SMICへ半導体製造装置を売るな、という規制を始めた。

オランダのASMLという会社は、最先端の半導体製造装置メーカーである。アメリカはASMLに対して、製造装置を中国のSMICに売らないように要請した。アメリカの製造装置メーカーであるアプライド・マテリアル社やラムリサーチ、KLAといった会社は当然、中国には売らない。

つまり、SMICに半導体を製造する装置が入ってこなくなった、ということである。設計するためのソフトウェアのライセンスは打ち切られ、設計することもできなければ製造装置もない。SMICは、2020年12月2日にドナルド・トランプ米大統領が、アメリカ人による投資を禁じる大統領令に署名した中国企業に追加された（図3の㉝）。そして18日にはエンティティリストに追加された。

結局、ファーウェイには、製品を組み立てようとしても半導体が入ってこない。これが現在のファーウェイの状況である。製品を組み立てられず、売るものがないから、ファーウェイは潰れるというのはあながち大げさな話ではない。

日本はアメリカの同盟国である。当然のことながら、ソニーもキオクシアもファーウェイに対する半導体の出荷を止めた。ただし、アメリカに対しては販売許可の申請は出しているようだ。韓国のサムスンやSKハイニックスも同様に動いている。しかし、アメリカが汎用品以外の販売を許可することは考えられない。台湾のTSMCに至っては、ファーウェイには売らないどころか、アメリカの要請に応えてアメリカ国内に工場を建てるに及んでいる。

ちなみに、日本製の半導体製造装置については、日本には「売ってはいけない」という規制がないから販売禁止になっていない。次章で触れるが、外為法に規制業種はあるが、なぜか半導体材料と半導体製造装置がその中に入っていない。

私はこれを大きな問題だと考えている。半導体材料と半導体製造装置をコア業種として規制業種に入れてしまえば外為法が適用され、輸出管理の対象になる。新型コロナウイルス感染の影響でマスクや消毒液がなくなった時、政府は医薬品及び関連業種をコア業種に追加指定した。経産省の裁量だ。同様に、半導体材料や半導体製造装置を追加することは簡単なのである。しかし、それをやっていない。

半導体製造装置については、オランダ、アメリカそれぞれに強みを持った装置があり、日本から装置が中国に行っただけでは先方は仕事にはならない。そうは言っても規制すべきである。日本は中国に合弁会社をつくらされて製造装置の技術を移転されてもいる。技術流出はすぐに解決しなければいけない最たる問題の一つである。

第2節　中国の輸出管理法の衝撃

ここまで、直近年のアメリカが、いかに中国に対して強硬で厳しい対応をとってきたか、また今後も厳しくあり続けるか、ということを見てきた。

では、中国側はそういった状況に対して、どう考えているのだろうか。

中国では2019年6月以降、ハイテク技術の中国国外への輸出を管理・制限する「国家技術安全管理リスト」策定の検討が行われていた。

●「輸出管理法」成立でアメリカと全面対決

2020年4月10日の共産党中央財経委員会で習近平中国共産党総書記が、産業の質を高めて世界のサプライチェーンの中国への依存関係を強め、外国による人為的な供給停止に対する強力な反撃・威嚇力を形成するよう要求したと報道された。

続いて、中国は8月28日に「国家技術安全管理リスト」と同等の機能を果たす「輸出禁止・輸出制限技術リスト」を大幅拡充した。9月19日には「信頼できないエンティティリスト」を施行し、12月1日から輸出管理法を施行した。

まず、「輸出禁止・輸出制限技術リスト」の大幅拡充から見ていこう。中国商務省と科学技術省は、「輸出禁止・輸出制限技術リスト」を改訂し、輸出制限の対象に人工知能（ＡＩ）や個人向けのデータ解析などを加えたと発表した。44項目が新規追加・変更される大幅な改正で、安全保障的色彩の強い技術項目が多数含まれている。アメリカのエマージング技術や２０１９年度国防権限法などで定められた重大な技術と重複するものも見られ、アメリカの技術移転規制に対する対抗的色彩も帯びている。

このリストに日本企業が中国で共同研究開発を行った技術が収録されれば、これらの技術を用いた国際展開が中国の管理下に置かれる事態になる。

第一章で触れたが、中国は軍民融合政策と中国製造２０２５に基づく機微技術国産化、製造強国と技術覇権のための国家からの資金支援、日本企業を含む外資系企業との技術協力、千人計画や国防七校から留学生を海外に送り込んで軍民両用技術研究等を推進してきている。

このような日本を含む諸外国の企業・研究者などの関与や協力によって中国国内に集積された機微技術がこのリストに収録されることにより、それらの企業が海外展開しようとする場合に中国政府の管理・関与を受ける事業上のリスクが生じる。

次に、中国商務省が公布、施行した「信頼できないエンティティリスト」について説明する。「安全保障貿易情報センター」によれば、注意を要するのは、第二条、第七条と第十条だ。

［信頼できないエンティティリスト］

第二条 国は、信頼できない実体リスト制度を構築し、国際経済貿易及び関連活動における外国実体の以下の行為に対し、相応の措置を講じる。

（一） 中国の国家主権、安全、利益の発展に危害を及ぼす。

（二） 正常な市場取引原則に違反し、中国企業、その他の組織或いは個人との正常な取引を中断し、又は中国企業、その他の組織或いは個人に対して差別的措置を採り、中国企業、その他の組織或いは個人の合法的な権益に深刻な損害を与える。

第七条 実務機構は、調査結果に基づき、以下の要素を総合的に考慮し、関連する外国実体を信頼できない実体リストに加えるか否かの決定を行い、且つ公布する。

（一） 中国の国家主権、安全、利益の発展に及ぼす危害の程度。

（二） 中国企業、その他の組織或いは個人の合法的な権益に与える損害の程度。

（三） 国際的に通用する経済貿易規則に合致するか否か。

（四） その他の考慮すべき要素。

第十条　信頼できない実体リストに加えられた外国の実体に対して、実務機構は、実際の状況に基づいて、以下の一つ或いは複数の措置（以下、処理措置と呼ぶ）を採ることを決定し、且つ公布することができる。
（一）中国に関連する輸出入活動に従事することを制限或いは禁止する。
（二）中国国内で投資することを制限或いは禁止する。
（三）関係人員或いは移動手段等の入国を制限或いは禁止する。
（四）関係人員の中国国内での就業許可、滞在或いは在留資格を制限或いは取り消す。
（五）情状の深刻さに基づいて、相応金額の罰金を科する。
（六）その他の必要な措置。

［CISTEC『中国における「信頼できないエンティティ・リスト」、「輸出禁止・輸出制限技術リスト」の施行について』］

また、香港国家安全維持法29条に規定された「外国勢力との結託による国家安全危害罪」が、この「信頼できないエンティティリスト」と関連することに注意が必要となる。

同法29条は、「外国あるいは国外の機構、組織、人員のために国家安全にかかわる国家秘密あるいはインテリジェンスを窃取、偵察、買収、不法に提供する、外国あるいは国外の機構、組織、人員に頼む、外国あるいは国外の機構、組織、人員と共謀する、あるいは直接、間接的に外国あるいは国外の機構、組織、人員の指図、支配、資金援助あるいはその他の形式での支援を受けることによって、以下の行為の一つを実施したならば、犯罪とする」としている。

同法29条二項は「香港特別行政区政府あるいは中央人民政府が策定し執行する法律、政策に対して深刻な妨害を行い、かつ深刻な結果をもたらす恐れがある」と規定し、第四項は、「香港特別行政区あるいは中華人民共和国に対して制裁、封鎖を行う、あるいはその他の敵対行動を採る」と規定している。

アメリカや日本を含む国々が、中国や香港の政策に反するような規制・制裁をかけた場合や規制に従い輸出や取引を中止した場合、「国外勢力との結託」とされ、同罪の対象となることが起きるのだ。政治的対立が尖鋭化すれば、日本企業や外国企業がその対立に巻き込まれる局面が増えていくことを意味する。

「信頼できないエンティティリスト」の第二条に記載された「中国の国家主権、安全、利益の発展に危害を及ぼす」という規定にある「主権」「安全」「利益」は抽象的で、中国政府が第二条を濫用することも想定できる。この点は、後で説明する。

これらの総仕上げとして、10月17日には中国の「輸出管理法」が全国人民代表大会常務委員会において成立し、12月1日に施行された。これによって戦略物資などは管理品目に指定され、輸出は許可制となる。輸出管理業務は国務院、中央軍事委員会などが担当する。12月2日には中国商務省が輸出管理リストの第一弾を公表した。中国は、戦略物資などを輸入した最終顧客が中国当局に無断で最終用途を変更することをも禁じた。違反すれば輸出禁止となる。

ここにおいて実は中国は、大きく変わった。また、外国にある企業や外国人に対し、中国の法律に従うことを強制する域外適用も異例だ。

今まで中国は改革開放路線をとり、世界から部品を調達して製品をつくり、世界に製品を輸出する「世界の工場」として急速な発展を遂げてきた。そして、そこに特段の制限はなかった。グローバリズムに組み込まれた「世界の工場」としての位置付けこそ、中国の経済成長の力の源だと言うことができた。

ところが今後は、戦略物資などは管理品目に指定され、輸出は許可制となる。輸出管理業務は国務院、中央軍事委員会などが担当する。

輸出管理法は、明らかにアメリカの対中規制に対する対抗措置である。アメリカは国防権限法と一連の対中制裁政策によって世界各国に対して、「アメリカ陣営に与《くみ》することを明らかにせよ」と突きつけた。輸出管理法は、中国もまたそれと同じことを行う、つまり「中国に与することを明らかにせよ」と突きつける法律なのである。これは、アメリカと中国が明らかに武器を使わない戦争状態に入ったということだ。

今回の輸出管理法は、米中緊張を反映して、国家安全法制及び報復手段の整備の色彩が強い内容となっている。国家安全法制が外商投資促進策に優先するようになり、中国での事業展開の前提条件が激変した。

●輸出許可制の導入で輸出・投資環境が激変

輸出管理法の施行で知っておくべきポイントは次の3つだ。

① 輸出許可制の導入で輸出・投資環境が激変
② 恣意的な運用への懸念
③ 制裁措置と国外適用の導入

国内総生産世界第二位の中国と、第三位の日本との経済関係は「常にモノの流通は滞ることはない」という裏付けのない不確実な仮定の下に拡大し、この仮定に基づいて中国を組み込んだサプライチェーンが構築されてきた。

中国では今まで規制なしに輸出できた多くの製品・技術が、国務院、中央軍事委員会が管理する事前輸出許可対象に変更された（図17）。２０２０年12月2日に中国商務省は輸出管理リストの第一弾を公表し、データ漏洩を防ぐ半導体も含むセキュリティを守るために使う暗号技術の輸出を許可制にした。パソコンに組み込まれるパソコンデータの漏洩を防ぐ半導体も輸出許可制にしたので、中国政府が許可を濫用した場合、パソコンのサプライチェーンに影響が生じることになる。

前章で、経済安全保障の観点から日本で安心、安全なパソコン生産を行う必要があることを説明した。今後、パソコンデータの漏洩を防ぐ半導体を組み込んだパソコンを輸出するため輸出許可申請したとしよう。中国政府による審査期間が見通せなくなった場合、パソコンの顧客への納期が不透明になることが起こりうる。中国の輸出管理法施行により世界のパソコン市場が大きな影響を受ける以上、パソコンメーカーはチャイナリスクを回避するためにサプライチェーンの組み替えを急ぐ必要が出てきた。

さらに、規制技術が規制対象国に移転され、「輸出とみなされる」みなし輸出も輸出管理法の適用を受ける（図18）。再輸出規制はたいへん深刻な問題だ。製造加工品ばかりでなく研究開発も規制を受ける。外資企業が中国で共同研究開発を行った技術が、輸出禁止・輸出制限技術リストに収録されることにより、国際展開が中国の管理下に置かれる事業上のリスクもあり得るからだ。

中国は、中国で一緒に開発した技術を使った製品を、この国やこの企業に売ってはいけないと命令することができる。外国企業が中国国内で共同開発した技術は中国共産党の許可なしで輸出できないということだ。これは、海外企業が中国に研究拠点を設けるということがとてつもない事業上のリスクとなったということに他ならない。

「みなし輸出規制」に関する条文だが、明確化要請を無視し、明確にしないまま成立させた条文であることは明らかだ。つまり、裁量運用される、ということである。日本企業の中国工場、研究機関などに勤務している日本人（非中国人社員）の日常的な技術情報のやりとりやデータベースアクセスなどに許可が必要になる可能性が高い。中国国内の外資企業内の日常的な企業活動は阻害されるだろう。

米中の対立が強まれば、中国工場で製造した製品や中国工場で生産した部品を組み込んだ製品のアメリカなどへの輸出については、中国政府の出方によっては輸出できなくなる。輸出管理法で、中国を製造加工拠点、研究拠点とする貿易・投資の大前提は崩れた。

２０２０年12月３日、ＮＨＫのサイトで経済産業省の経済安全保障室の香山弘文室長が、「突然の他国の決定で、企業が使っているサプライチェーンが、すべてその国の規制当局にお伺いを立てなければならないものに変わってしまう可能性があり、明らかな経営リスクだ」

図 17　輸出規制と再輸出規制

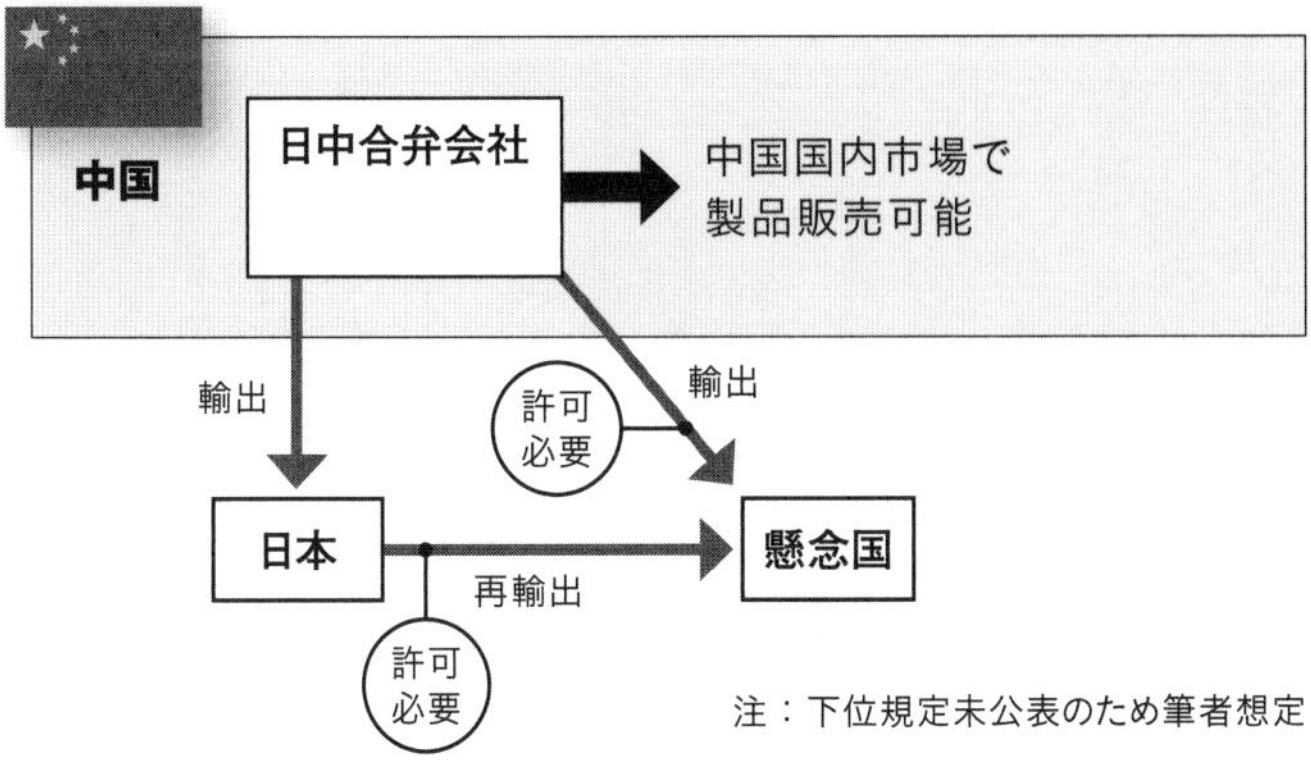

図 18　みなし輸出規制

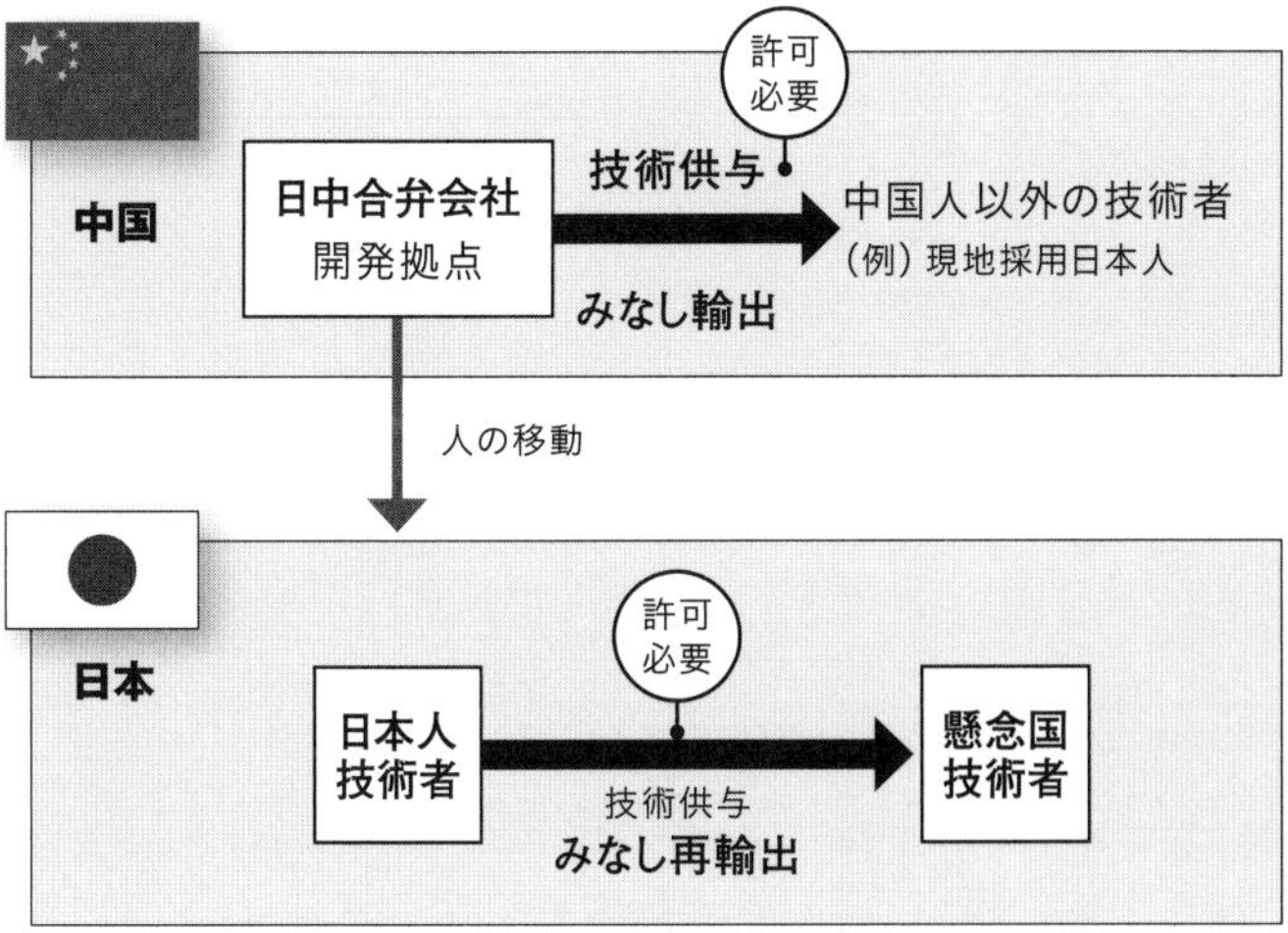

と指摘したことからも明らかだ。

●恣意的な運用への懸念

次に「②恣意的な運用への懸念」について述べる。西側諸国でも輸出許可条件に違反した者や安全保障上問題がある者をブラックリストに記載し、輸出規制対象とすることは行われているが、西側諸国の「安全保障」は軍事的なものに限定される。

しかし中国では、「国家安全」の概念が軍事的なものに限定されず、政治、国土、軍事、経済、文化、社会、科学技術、情報、生態、資源、核にまで及ぶ。この理由は、中国の安全保障と独裁政治体制継続は不可分な関係にあるからだ。

中国は、欧米諸国がチベット、ウイグルで行われている少数民族への人権弾圧や、香港の民主化要求運動弾圧を人権問題と非難すると、「内政干渉」と激しく反発する。中国はその政治的立場や各種指導に従わない者を「国家安全に危害を及ぼす」という理由で、「信頼できないエンティティリスト（中国版ＥＬ）」に掲載するかもしれない。

軍事的な安全保障だけではなく、「気に入らない」「習近平を批判した」などの理由でリストに掲載し、制裁の対象にする可能性もある。アメリカのＥＬや諸制裁に従い中国企業との取引を止めた企業が、輸出管理法の報復条項や輸出禁止先リストに掲載され、制裁対象になることも起こりうるのだ。

つまり、中国は本来の輸出管理の目的を外れてこの規定を自由に使い、外国や中国で事業展開する外国企業などを制裁対象にできるのだ。

米中対立などの政治的緊張が続いた場合や、我が国固有の領土である尖閣諸島への武力侵略が起きて日中関係が悪化した場合、中国で事業展開を行う日本企業には輸出や最終需要者への輸出ができなくなるリスクが生じることになる。また、国防動員法が発動されれば、日本企業の設備が接収されるかもしれない。

最近、中国が各国に「戦狼外交」を行っているが、輸出管理法はこの路線の延長上にあり、外国を威嚇することで、中国で事業展開する外国企業を萎縮させる。中国の法令解釈の根拠が明確でないことは大きなリスクだ。

●制裁措置と国外適用の導入

三つ目の「制裁措置と国外適用の導入」だが、前述したように中国では2020年9月19日に、対外貿易法などに基づき、「信頼できないエンティティリスト」制度を公布、施行した。「国家主権の安全と利益の発展に危害を及ぼす外国企業等」及び「取引中断、差別的措置により中国企業等に対する合法的権益に深刻な被害を与えた外国企業等」に対する貿易、投資、ビザ、刑事罰など広汎な制裁措置を定めた。

この「信頼できないエンティティリスト」制度導入に続き、輸出管理法では、「報復条項」と「域外適用による責任追及条項」が盛り込まれた。

同法四十八条の報復条項は、輸出管理法がいずれかの国または地域が輸出管理措置を乱用して中国の国家の安全と利益を危険にさらした場合、中国は実際の状況に基づいて当該国または地域に対して対等の措置を講じることができると規定している。

米中経済摩擦を背景に、アメリカや中国と緊密な貿易関係にある企業は、中国が相互主義を採用するリスクに注意を払い、予期せぬトラブルを回避するための対応計画を立てておくべきだ。

中国国外で行われた違反行為の「法的責任を追及する」域外適用による責任追及規定（第四十四条）も設けられた。その条文はこうだ。

「中華人民共和国国外の組織と個人が、本法の関連輸出管制管理規定に違反し、中華人民共和国の国家安全と利益に危害を及ぼし、拡散防止等の国際義務の履行を妨害した場合は、法に基づいて処理し、且つその法的責任を追及する」

このため、中国に拠点を持たない日本企業の関係者でも、中国や香港に入国したら当局に拘束されることが起きうる。

２０１０年以降、とりわけここ数年、中国が日本企業を含む外国企業に中国の政治的立場への支持表明を迫り、中国の政治的立場を問題視する企業を恫喝する事例が目立つようになった。中国が主張する「核心的利益」つまり、台湾、南シナ海、尖閣諸島、ウイグルやチベット、香港で進行中の人権問題などで、西側諸国と中国との間の対立が尖鋭化するだろう。

こうした状況で、「信頼できないエンティティリスト」「輸出禁止・輸出制限技術リスト」への掲載可能性や「輸出管理法」の再輸出、みなし輸出などを取引材料として、中国の政治的立場への同調を求めてもこれに応じない企業や、中国への事業依存度が高い企業を政治的報復のターゲットにすることが想定される。

一方で、日本企業をはじめとする西側諸国の企業には、今世紀に入り定着した「企業の社会的責任」もある。強制収容所で奴隷的労働を強いられた人たちが製造する安価なコストで製造された製品を販売する企業は、西側社会で糾弾されレピュテーション（評判）・リスクを抱えることになる。これは、中国での新たな事業リスクと捉えざるを得なくなる。

戦狼外交やマスクや消毒液、医療機器の輸出を止める行為に、世界で警戒が高まっている。こうした状況下で、「信頼できないエンティティリスト」制度や「輸出管理法」を施行し、企業に対する報復手段として活用することは、中国の政治、経済両面のリスクへの警戒を強めることにつながる。

「信頼できないエンティティリスト」第二条（二）に規定された「正常な市場取引原則に違反／正常な取引を中断／差別的措置／合法的な権益に深刻な損害」は、アメリカの規制・制裁を踏まえた中国企業との取引停止を想定している。これは、米中の二者択一を迫るものであり、中国と経済取引を行う外国企業を、踏み絵、股裂き局面に直面させることになる。

アメリカの規制や制裁の内容は、前述の通りアメリカからのデカップリング、ドル取引からの排除を含むものである。中国の企業や金融機関も、アメリカの規制、制裁には従わざるを得ない状況下で、日本企業に対し「信頼できないエンティティリスト」掲載可能性や「輸出管理法」の再輸出やみなし輸出規定を材料に、アメリカの規制・制裁に従ってはならないと恫喝する行為が、日本企業の困惑を深める結果になる。これも、新たな中国の事業リスクとなる。

このように中国は、もはや、外資の参入を喜び迎え入れる外商投資促進策とは相反する制度を持つ国に変質した。中国でビジネス展開をしようと考えるなら、そこに存在する課題と新たな事業上のリスクを直視して対応をしなければならない国となったのである。

今回の「輸出管理法」は、言わば踏み絵である。アメリカと中国、どちらの側につくのかを旗幟鮮明にするように迫るものだ。私は2年以上前から「日本企業が米中両方へ八方美人のつきあいをすることは不可能になる」と警鐘を鳴らしていたが、この懸念は「輸出管理法」

をもっていよいよ現実のものになった。

次章の最終章では、こうした状況の中で日本は何をすべきなのか、ということを見ていこう。

第4章　日本企業の中国ビジネス展望

●日本企業の脱中国依存が進まない理由

２０２０年8月、ＦＩＲＲＭＡとＥＣＲＡを含むアメリカの国防権限法の全法律が発効し、同年12月、それに真正面から対抗するかたちで中国が輸出管理法を施行した。

アメリカは、安全保障の観点から中国への技術移転阻止のために外資規制及び輸出規制を根本的に変更した。中国は輸出政策の方針を大きく変え、日本が抱き続けていた「モノの流通は常に滞ることはなく、軍民両用技術は軍事転用されることなく、第三国に兵器として輸出されることもない」という日中関係の仮定は崩れ去った。

前章で述べたようにアメリカは、半導体部品をはじめとする通信分野ではすでに部分的に中国との取引を断っている。経済取引を互いに断つことをデカップリング（decoupling）というが、中国の輸出管理法の施行によって、技術分野を中心に米中のデカップリングは現実的なものとなってきた。

こうした状況において、中国との関係を断ち切れない日本企業は、ひとまとめにされてアメリカにおける取引排除対象となるかもしれない。一方、中国との関係においても輸出管理法が施行された限りは、日本企業の立場はそれと同様だ。

日本企業は今、アメリカと中国のどちらにつくのか旗幟鮮明にする必要に迫られている。中国のような独裁・非民主的社会は日本にはそぐわないと国民の多くは思っている。何よりアメリカは日本の同盟国である。自由主義経済圏を強化していくことが必要だ。日本が中国側につくことはありえない。

つまり、今こそ脱中国依存を早急に進めなければならない状況にある。

だが、一部の情報感性の高い企業を除き、日本企業の対応はおしなべて緩やかだ。中には、巨大な市場に釣られて自由主義社会のルールが通用しない中国という人治国家、つまり法よりも中国共産党の戦略が優先される国に、深入りしてしまった経営者もいる。虎の子の技術を強制的に開示させられ、中国に模倣されて優位性を失った企業もある。中国企業に利用されただけの、いわゆるお人好しの日本企業は少なくないのだ。

中国に対する事業依存度を高め過ぎてしまえば、生殺与奪の権を握られ、周辺諸国を脅かす軍拡や少数民族に対する人権弾圧については目をつむることにもなる。

脱中国依存が進まない理由のひとつに、企業人の世代的な問題がある。現在、役員として経営側に回っている企業人の多くは、いわゆる中国ビジネスで会社を盛り上げてきた人々を上司として仕事を教わり、恩恵もまた受けてきた人々だ。自分を育ててくれた先輩たちの功績をそう簡単にないがしろにはできないだろう。

だが現在の中国は、日本企業を含む外国企業に中国への進出を促し、軍民融合政策の下、中国企業へ機微技術や軍民両用技術を移転させ、輸出に励む。学術界からも千人計画や海亀留学生を使い、機微技術や軍民両用技術を盗む。中国政府が重視する産業分野へ不透明な産業補助金を支給し、ダンピング輸出を行い、輸入国の製造業を事業撤退に追い込み、撤退した事業のM＆Aを二束三文で行う。中国企業や中国の金融機関が日本を含む海外に拠点を広げ、投融資によって海外市場を取り込み、投資収益を中国に還流する。中国共産党、中国企業、中国系金融機関が国を挙げて周辺諸国を中華思想に基づいた世界秩序に組み込もうとする。

発展途上国に対しては、借款供与、武器輸出を通じ、途上国政府に入り込み天然資源の供給源とし、軍事的な要衝はその要衝がある国の政府に高利で資金供与し、中国企業にインフラ建設を請け負わせ、港湾、空港、通信施設など軍事に直結する権益を確保する。資金の返済が滞れば担保権を実行して、軍事的要衝を中国のものにする。機密情報を手に入れることができるバックドア付きの通信ネットワークのインフラを、産業補助金を使い中国企業にダンピングで受注させる。

この10年間で、中国には一連の法律が新たに施行され、事業リスクは様変わりした。中国は軍民融合政策を推し進め、国際秩序を力で変更するために智能化戦争で勝利することを国の目標に掲げ、これを隠さなくなった。戦狼外交を繰り広げながら不透明な軍拡を続け、世界の平和を脅かしている。兵器の近代化を推進するために、西側諸国から機微技術や軍民両用技術を様々な手段で移転している。

また、最近やっと報道されるようになったが、中国共産党はウイグル、チベット、内モンゴル、香港などで人権弾圧を繰り返している。ウイグルや内モンゴルでは、彼らの母国語使用が禁止され、中国人が使う言語の使用を強要されていると聞く。企業の社会的責任という視点から見れば、人権侵害を行う国は明らかな問題国家である。

２０２０年を明確な境として世界情勢は大きく変わった。Ｍ＆Ａや輸出入を利用した技術移転によって日本が培ってきた優秀な技術が兵器転用されてしまうのを、シャットダウンしなければいけない時期に来ている。それが今、中国共産党の覇権主義に抵抗する最も効果的な手段だ。

中国の輸出管理法が施行されたことを受け、２０２０年12月３日、経済産業省経済安全保障室の香山弘文室長は、各国が規制の強化を急ぐ背景にはＡＩ＝人工知能などの高度な技術が軍事転用されるなど安全保障上の懸念があるためだとして、「安全保障を切り口に特定の方向性を持った産業政策を進めていくのが世界的なトレンドだ。安全保障の観点から技術を見る視点、そこへの関心をいかに高められるかが日本企業にとって最も求められることの１つだ」とＮＨＫによる取材で指摘している。

中国が脅威ではなかった時代は、中国がルール違反をしても西側諸国は目をつぶっていた。

しかし、中国が国力を付け、自信を深めたことにより、中国は他国の意見に耳を貸さなくなり、国際ルールを守らず、力で国際秩序を変えようとしている。日本企業は、今大きく変わらなければならない。その理由は今まで述べてきたとおり、事業面のチャイナリスクがこの10年で一変したことで明らかだ。

心ある企業人が変わることを主張するためのエビデンスとして、近年の日本政府の対中政策の動きを見ていこう。各論に問題は山積しているものの、日本政府は法律のかたちで、アメリカの方針に追随するかなり強硬な政策を打ち出してきている。

●改正外為法は日本政府のクリーンヒット

日本は外為法によって、投資ないし輸出入による外資との取引を規制している。外為法とは、「対外取引の正常な発展、我が国や国際社会の平和・安全の維持などを目的に外国為替や外国貿易などの対外取引の管理や調整を行うための法律」である。

この外為法が改正され、2020年5月8日に施行された。改正の目的を財務省は、《日本経済の健全な発展に寄与する対内直接投資を一層促進するとともに、国の安全等を損なうおそれがある投資に適切に対応していくことを目的とし、事前届出免除制度を導入し、事前届出の対象を見直す等の改正》（財務省ＨＰ）としている。

**図19　外為法改正（2017年）による
輸出入・技術取引規制の違反に対する罰則の強化**

	対象	通常破壊兵器	大量破壊兵器
従来	個人 法人	●罰金700万円または取引価格の5倍の高い方 ●懲役7年以下（対個人、併科可）	●罰金1000万円または取引価格の5倍の高い方 ●懲役10年以下（対個人、併科可）
2017年改正	個人	●罰金2000万円または取引価格の5倍の高い方 ●懲役7年以下（併科可）	●罰金3000万円または取引価格の5倍の高い方 ●懲役10年以下（併科可）
	法人	●罰金7億円または取引価格の5倍の高い方	●罰金10億円または取引価格の5倍の高い方

［経済産業省資料をもとに筆者作成］

この改正は、アメリカの要請を受けて限りなくＦＩＲＲＭＡに近づけた厳しいものであり、日本政府のクリーンヒットだと言うことができる。とはいえ、規制事業選定の一部にまだ弱いところがあって、中国の軍民融合政策への十分な対策とはなっていないこともまた確かである。

では、どのように外為法が改正されたのか見ていこう。

まず、罰則についてはすでに２０１７年に13年ぶりに改正された時点で、大幅に重いものに変わっているということを知っておきたい。従来は個人・法人とひとくくりにされていたが、法人に対する罰則が切り離されて重科とされた。整理すると**図19**のようになる。

その上で２０２０年の法改正では規制の対

象が拡大された。拡大のポイントは「対内直接投資等の対象となる規制対象業種の拡大」と「外資による上場会社の株式取得条件の拡大」だ。

対内直接投資とは、海外の法人・個人による日本での直接投資のことである。海外企業が日本企業の株式を取得して経営に参画したり、用地を買収したりして建設した工場で商品を生産する、などの事業活動を指す。

今までの外為法は、全部で１４６５種ある業種のうち１５５業種を「規制対象業種」と指定し、外資による10％以上の出資に対して取得条件を設置し、政府への事前届出の対象としていた。これが大きく変わった。

●問題を残す「コア業種」の概念

５月８日の改正外為法施行当日、政府は改正適用となる規制対象業種のリストを発表した。リストのポイントは、規制対象業種を、重点審査の対象となる「コア業種」と、コア業種の分野以外で一定の規制の対象となる「ノンコア業種」の二つに分類しているということだ（**図20**）。

「コア業種」にはまず、全上場企業の13・6％にあたる５１８社がリストアップされ、その後、新型コロナウイルス感染の状況を鑑みるかたちで「感染症に対する医薬品に係る製造業」と

図 20　対内直接投資等の対象となる指定業種

【日本標準産業分類】（1465 業種）

【指定業種】（155 業種）

〈改正前〉

武器、航空機、原子力、宇宙関連、軍事転用可能な汎用品の製造業	サイバーセキュリティ関連、電力業、ガス業、通信業、上水道、鉄道業、石油業	熱供給業、放送業、旅客運送、生物学的製剤製造業、警備業、農林水産業、皮革関連、航空運輸、海運

〈改正後〉

【指定業種のうちコア業種の分野】
武器、航空機、原子力、宇宙開発、軍事転用可能な汎用品の製造業
サイバーセキュリティ関連（サイバーセキュリティ関連サービス業、重要インフラのために特に設計されたプログラム等の提供に係るサービス業等）
電力業（一般送配電事業者、送電事業者、発電事業者の一部）
ガス業（一般・特定ガス導管事業者、ガス製造事業者、LP ガス事業者の一部）
通信業（電気通信事業者の一部）
上水道業（水道事業者の一部、水道用水供給事業者の一部）
鉄道業（鉄道事業者の一部）
石油業（石油精製業、石油備蓄業、原油・天然ガス鉱業）

【指定業種のうちコア業種の分野以外のもの】
サイバーセキュリティ関連（※）、電力業（※）、ガス業（※）、通信業（※）、上水道業（※）、鉄道業（※）、石油業（※）
熱供給業
放送業
旅客運送
生物学的製剤製造業
警備業
農林水産業
皮革関連
航空運輸
海運

（※）コア業種の分野以外

［財務省「外国為替及び外国貿易法の関連政令・告示改正について」2020 年 4月24日］

「高度管理医療機器に係る製造業」が追加された。

重点審査の対象となるコア業種には、「武器、航空機、原子力、宇宙開発、軍事転用可能な汎用品の製造業」の他に、サイバーセキュリティ関連、電力業、ガス業、通信業、上水道業、鉄道業、石油業が挙がっている。

私が問題だと思うのは、「サイバーセキュリティ関連」の業種である。サイバーセキュリティ関連はすべて規制対象業種ではあるものの、そのうち、コア業種として分類されるものが「サイバーセキュリティ関連サービス業、重要インフラのために特に設計されたプログラム等の提供に係るサービス業等」となっている。それ以外はノンコア業種というのである。

つまり、半導体はコア業種に含まれているものの、半導体製造装置や半導体材料のシリコンウエハはコア業種に入っていないようだ。前章までに述べてきたことを考えれば、これらもコア業種に指定されてしかるべきものだろう。

●外国人による投資を大幅に規制

今回の改正では、規制を受けるべき「対内直接投資」の内容と条件に大幅な改正がなされた。「外資による上場会社の株式取得条件の拡大」を行って、外国人投資家、特に中国人による企業乗っ取り、経営支配、技術の吸い上げを防ごうとするものだ。

特に注目したいのは、審査対象とする株式取引行為の拡大である。今までは上場企業の10％以上の株式を外資が取得しようとした場合に規制を受けるという条件だったものが、「1％以上取得する場合は事前審査事後検査を必要とする」ということに改正された。さらに非上場企業については、パーセンテージではなく1株の取得から申請と審査が必要になった。これは大いに評価したい。

アメリカのＦＩＲＲＭＡには外国人関与要件というものがあり、「対象となる米国事業が保有している未公表の重要な技術情報にアクセスできるようになる場合」、「対象となる米国事業に係る取締役会やこれに相当する機関の構成員やオブザーバーとなる場合、またはその指名権を得る場合」、「議決行使以外の方法によって、米国事業に関する重要技術の使用、開発、取得などに関する実質的な意思決定への関与が可能となる場合」には、株式の取得がなくとも審査対象となる。

日本はアメリカほどではないが、上場企業1％以上、非上場企業1株以上が審査対象という規定は、限りなくＦＩＲＲＭＡに近づけようとするものだ。言ってしまえば、規制対象業種の企業における外国人の投資行為については、そのすべてを政府が審査する、ということである。

今回こと細かく定義された、「規制を受ける対内直接投資とは何か」については日本銀行のウェブサイトにある「外為法Q＆A」に詳しい。ここに掲げられている内容は、逆に言えば、「中国はこういうやり方で日本企業の乗っ取り、技術の吸い上げを目論んでくる」ということである。

改正外為法は、多岐にわたって経済安全保障をカバーする、かなりよくできた法律である。日本に居住していた外国人が取得した日本企業の株式を帰国後に譲渡するような場合も申請が必要になるし、外国人投資家による事業目的の実質的変更、取締役就任もしくは選任権限に関わる規定、ダミー会社をつくってそこに事業を譲渡することの規制などを含む。

また、悪質なものはハゲタカファンドなどと呼ばれるが、そういった純粋なプライベートエクイティファンドとは別に、国家安全保障に影響を及ぼさない投資家には、事前届出を免除することが必要だ。このため、新たにポートフォリオ投資制度が導入された。次の要件を遵守する限り、事前届出が免除される。

○外国投資家自らまたはその密接関係者が役員に就任しないこと。
○重要事業の譲渡・廃止を株主総会に自ら提案しないこと。
○国の安全等に係る非公開の技術情報にアクセスしないこと。

つまり、これに反するようなことがあれば規制を受けるということだ。

●改正外為法の主旨

私は長くM&Aの現場にいるのでわかるのだが、今回の改正外為法は、先にも述べたように限りなくＦＩＲＲＭＡの外資規制に近づけたものだ。

日本の場合は例えば株式取得数など一定の数字を設置してはいるが、新設分割や吸収分割、事業譲渡、会社の解散、清算、そして取締役の選任から解任まで、およそすべてのことについて届け出なければならないということになっている。

また、規制対象業種のコア業種については、製品であろうともその部品であろうとも適用される。例えば原子力はコア業種だが、原子力発電所に納入される部品をつくっている会社、また、原子力関連機器の部品をつくっている会社も規制対象業種とされる。

次に掲げてあるのは、対内直接投資に関する審査フロー（**図21**）と審査制度の概要図（**図22**）だが、たいへんしっかりしたものとなっている。おそらくＥＵ（欧州連合）の規制よりも厳しく、事実上、対内投資への規制の厳しさは、審査システムにおいてアメリカ、日本、ＥＵの順になるだろう。

これは、ドナルド・トランプ前米大統領と安倍晋三前首相との信頼関係がなし得たものだ

図 21　外為法に基づく対内直接投資に関する審査フロー

審査基準	届出対象業種
①国の安全	武器、航空機、原子力、宇宙開発、軍事転用可能な汎用品の製造業、サイバーセキュリティ関連
②公の秩序	電気・ガス、熱供給、通信事業、放送事業、水道、鉄道、旅客運送
③公衆の安全	生物学的製剤製造業、警備業
④我が国経済の円滑運営	農林水産、石油、皮革関連、航空運輸、海運

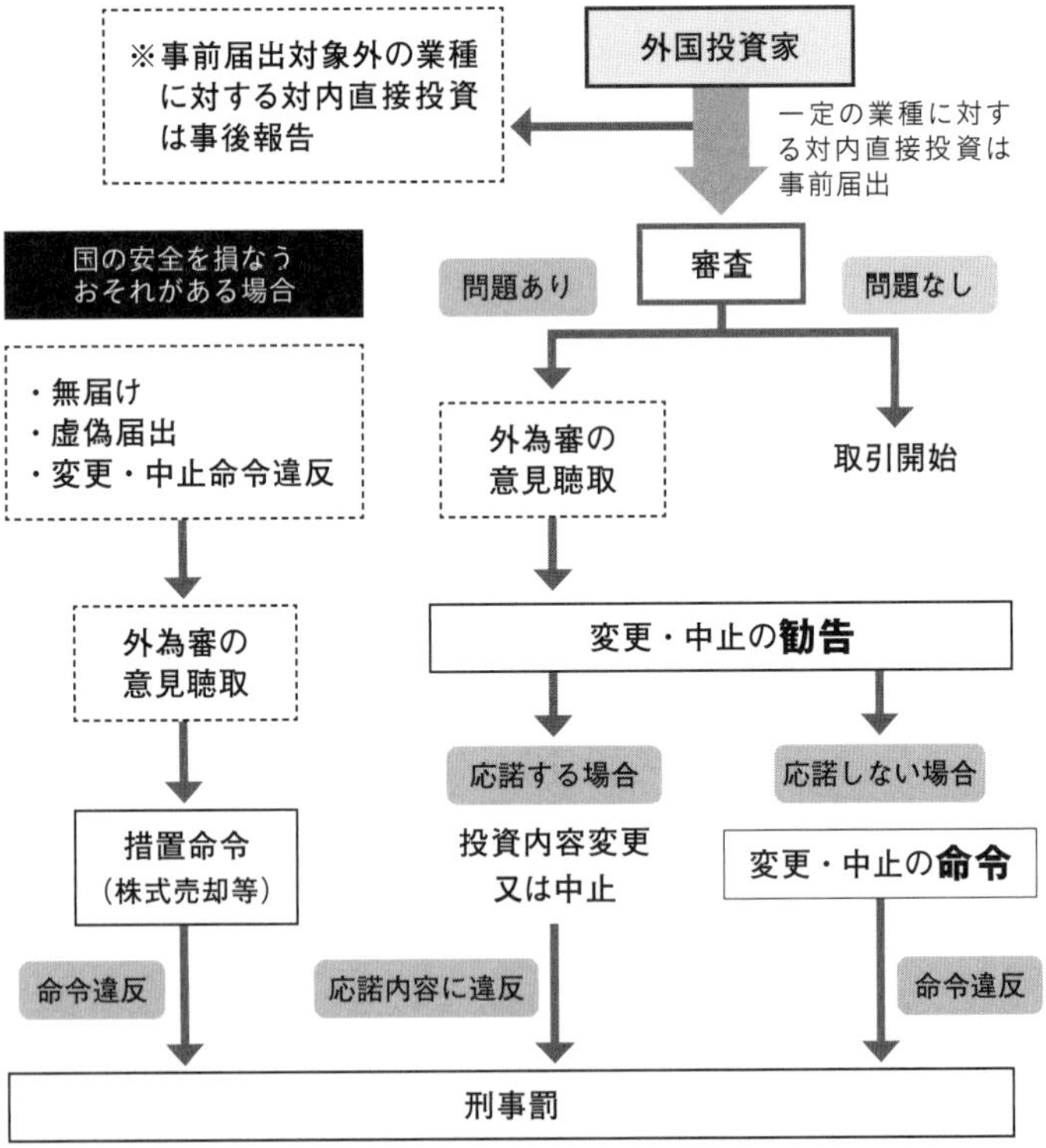

［財務省国際局 関税・外国為替等審議会 外国為替等分科会配布資料より］

図 22　外為法改正後の対内直接投資の審査制度

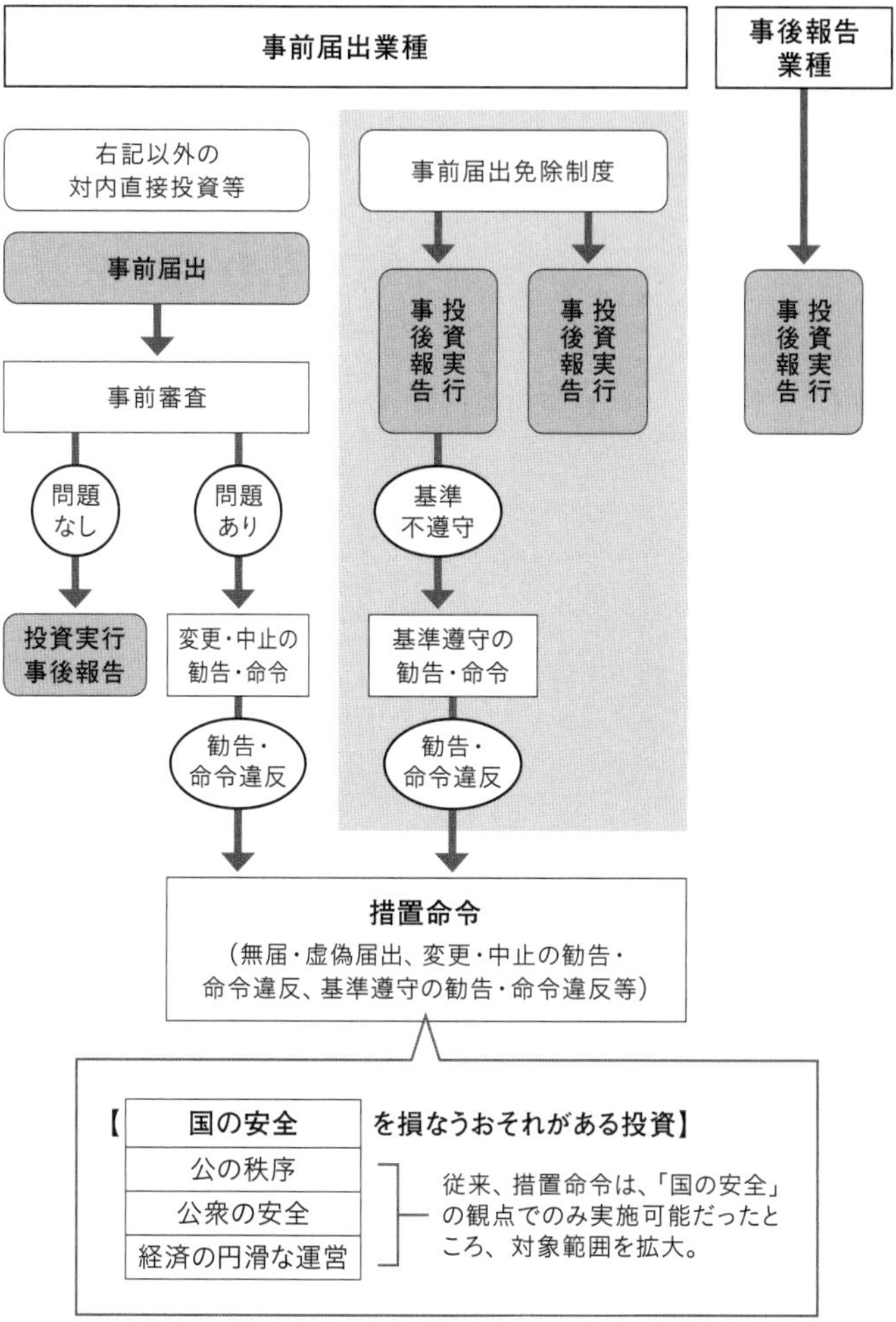

［財務省国際局 関税・外国為替等審議会 外国為替等分科会配布資料より］

と言えるだろう。麻生太郎財務大臣の経済安全保障に関する知見が財務官僚を動かしたとも聞いている。

●日本企業が中国の下請けにならないために

とはいえ、中国側は国策として掲げる軍民融合政策、そして国防動員法、国家情報法の設置をベースに中国製造2025を具体的方針として展開し、さらには2020年12月の輸出管理法でいよいよ牙を剝き始めた。中国が今後、超限戦の手を緩めることはないだろう。

「中国製造2025」とは、中国政府が主導してリソースを集中投下し、技術的な覇権を奪い取るということに他ならない。中国との取引には、それがいくら収益の高いものであっても必ず安全保障の問題がついてまわることはここまでに見てきた通りである。半導体や産業用ロボットなどの民生技術と軍用技術の壁が低くなってきている近年において、技術移転が安全保障の問題に直結することはアメリカの対応を見ても歴然だ。

そして、日本にとってさらにもう一つ、あるいは最も大きな問題だと思われるのは「中国製造2025」が日本の産業に及ぼす影響である。すでに述べた通り、中国製造2025は、「2025年までに中国が世界の製造強国入りを果たし、2035年までに中国の製造業レベルを世界の製造強国陣営の中位に位置させ、2045年には製造強国のトップとなる」ことを掲げた具体的な産業推進方針である。

中国製造2025が実現するとどうなるだろうか。当然、中国で生産される物品は物量的にかなり巨大なものになる。日本の市場シェアが脅かされるばかりではない。中国本国においておそらく過剰生産となり、ダンピングが始まるだろう。

日本の産業はコストの点で対応しきれなくなり、競争に負けることは目に見えている。日本の多くの企業は、中国企業の下請け的存在に甘んじることになるか、もしくは事業撤退に追い込まれるだろう。製造業が崩壊し、半導体や産業ロボットのシェアも奪われるだろう。

そして、その兆しは鉄鋼の業界に表れ始めている。2020年9月1日、日本最大手の鉄鋼メーカーである日本製鉄の橋本英二社長が記者会見を行い、鋼材需要が急減して約1億トンで推移してきた国内の年間粗鋼生産量が、2020年度に8000万トンを割り込む見通しであることに触れ、「再び元の水準に戻ることは考えづらい」と述べた。要因は「米中貿易摩擦や中国をはじめとする海外企業との競争激化による収益低下」である。

日本製鉄はその前身の新日本製鐵だった時代に中国に対して多大な技術支援を行った。宝鋼集団が上海で1977年に設立した製鉄所の上海宝山鉄鋼は、新日本製鐵の全面的な技術支援の下、君津、大分、八幡製鉄所をモデルに最新鋭の設備とシステムが導入された中国初の臨海製鉄所である。上海宝山鉄鋼はその後、宝鋼集団を経て、2015年に武漢鋼鉄集団の武漢鋼鉄と合併し、中国最大手の宝武鋼鉄集団となった。現在は世界の一、二位を争う規模の鉄鋼メーカーだ。

1990年代から鉄鋼炉を盛んに稼働させるようになった中国に、日本の製鉄業は押され続けた。価格競争では競争できず、日本は電磁鋼板という高付加価値品に活路を見出す。車のモーターの鉄芯にも使われる高機能鋼材だ。

ところが、この高付加価値品の技術まで中国に盗まれ、電磁鋼板のダンピングが始まろうとしている。日本製鉄の落ち込みはこういったことを背景としている。

2020年7月にたいへんショッキングな情報が流れた。トヨタ自動車が日本企業からの調達という方針を変え、宝武鋼鉄集団の電磁鋼板を採用することがわかったのである。

差別化を図るための高付加価値品を開発しても、技術移転され、そこに中国政府の狡猾な産業補助金制度が働き、ダンピングが始まって競争力が無力化する。中国製造2025が実現するということは、かつて電機業界で起こり今製鉄業界で起こっている日本企業の敗北が、中国当局が公言している通り次世代情報通信技術、先端デジタル制御工作機械及びロボット、航空・宇宙設備、海洋建設機械・ハイテク船舶、先進軌道交通設備、省エネ・新エネルギー自動車、電力設備、農薬用機械設備、新材料、バイオ医薬・高性能医療器械といったおよそすべての産業界で起こるということなのだ。

少なくとも、いみじくも改正外為法でコア業種に指定されている業種の技術は海外に絶対に移転してはいけない。最も難しい技術については日本で確実に確保し、高付加価値品をつくる技術をとにかく海外に流出させないことが、日本企業と国内の雇用を守ることになるのである。

●国防費GDP2%の必要性

2020年5月22日に開幕した全国人民代表大会で、中国政府は2020年の予算案を公表した。国防費は前年比6・6%増の1兆2680億元（約19兆1000億円）である。各マスコミは、30年ぶりの低さの伸び率だということを強調していたが、それでも伸び率はアメリカと同等であり、予算規模もアメリカに次ぐ。

中国が力による膨張を止めない以上、それに対抗する方策は、まず、軍事力強化に利用されうる軍民両用技術をいかに中国へ移転させないか、ということが必須となる。

中国において軍民両用技術や軍民両用製品は、核兵器、生物兵器、ミサイル、自動小銃、戦車、戦闘機などほとんどの武器や兵器に転用されている。人民解放軍の現在の主力である15式軽戦車、052D型駆逐艦、第5世代ジェット戦闘機J20戦闘機、中距離弾道ミサイルDF26などは今後、AIと高度通信システムを搭載した智能化兵器として開発研究が進められていくことは間違いない。

2020年9月16日、当時のエスパー米国防長官はカリフォルニア州にあるシンクタンクのランド研究所の講演で、日本を含む同盟国に対し、国防費を国内総生産(GDP)比で少なくとも2％に増やすよう求めた。中国、ロシアとの大国間競争に備えるためには同盟・パートナー間の連携強化が必要だということである。

防衛省は2021年度予算の概算要求で約5兆4000億円を計上した。マスコミは過去最大の額ということをしきりに強調していたが、これも1986年に中曽根康弘内閣が撤廃したはずの防衛費GDP比1％から外れるものではない。予備費として計上する額のうち5兆円程度は余るのが通例だから、ここから充当すれば増税の方策を取らずとも安全保障に必要な予算は確保できるはずだ。GDP比1％の慣例を守って日本の安全保障が危うくなったら何にもならない。

●イメージで終わらない「脱中国依存」へ

中国政府は、巨大とされる中国市場を餌に、直接的または合弁相手の中国企業からの要請、または「改革開放」政策の美名の下に、日本企業に対して技術開示を強要に近い形で要求してきた。

巨大な中国市場にいまだに期待を寄せる日本の企業人は多い。２０１０年に中国は国防動員法を成立させて、有事に外国資本の向上や物資を接収及び知的財産を奪い取ることを正当化した。２０１７年の国家情報法によって、中国国籍を持つ成人男女全員の諜報活動への協力を義務付けた。サイバーセキュリティ法で、「国の政治体系・経済・科学技術・国防にリスクをもたらす、ないしは中国社会・公共の利益を損なうと判断した場合」「中国政府が必要とみなすその他の状況」にあたるデータの国外移転を禁止した。

そして２０２０年に、「信頼できないエンティティリスト」制度、国家安全法制的条項や域外適用（自国の法律の外国への適用）がある輸出管理法を成立させ、日本企業を含む外国企業を威圧、恫喝し、アメリカにつくのか中国につくのかを旗幟鮮明にせよと迫っている。

有価証券報告書にそれを書く企業などないことからも明らかな通り、日本企業は中国の国防動員法や国家情報法の事業リスクを株主に開示することをしていない。目先の利益を優先し、中国を改革開放路線の「世界の工場」として利用しているつもりでいたのだろう。

その結果としてわかったことは何だったろうか。新型コロナウイルス感染下で知った、中国が日本企業の中国工場で生産されたマスクをはじめとする物資の輸出を認めずに接収を行い、その接収物を利用して展開した、世界各国に対する高圧的な「戦狼外交」である。

重要なのは、自分の国で使うものは自分の国で調達されなければいけない、ということである。目先の儲けに目がくらみ、他国に日本の生殺与奪の権を握られてはならない。

ウイルス禍を機に、西側諸国は中国依存の見直しに着手した。生活必需品や医療物資について安全保障の概念をさらに高めるようになった。N95マスクや医療用防護服、医療機器、医薬品、衛生用品などは原材料から製品までを自国生産しないと危ない、ということである。中国企業の事業およびその活動には、中国共産党ならびに人民解放軍の意向が必ず反映されている。軍民融合政策を国策として掲げているのだから当然である。

2021年は経済安全保障という概念が叫ばれ、実際の政策となって運用されていくだろう。経済安全保障のために、最も重要な食糧、そして機械類など必要不可欠とされる製品の国内生産が重視され、経済に対する政府の関与の度合いは大きくなることが予想される。

それにつれて物価上昇が見込まれるが、消費者は中国に日本の生殺与奪を握られないための安心安全の対価としての価格見直しを受け入れる覚悟が必要だろう。同時に、電気代をはじめとするインフラコストの低減でバランスを図ることの検討も必要になるだろう。

2010年以降、中国は国防動員法、国家情報法、中国サイバーセキュリティ法、輸出管理法など独裁者に奉仕する法律を次々とつくり施行してきた。改革開放路線が事実上放棄され、日本企業が軍民融合政策の中国で事業展開する環境や条件が激変したのだ。「モノやヒトは自由に国境を越えて行き来する」というグローバルサプライチェーンのビジネスモデルに冷水を浴びせた。

中国は中国に進出する日本企業から利益を得ている。この利益を原資とする軍拡が日本に脅威を与えているのだ。習近平のチャイナ・ファーストはますます酷くなる一方だ。

にもかかわらず、いまだに経済界の一部では「政治は米国、経済は中国」と言い続け、2010年以降の中国の変化に対する行動を始めていない。その結果、日本企業がアメリカと中国の間で右往左往する状況に陥っている。

経済産業省経済安全保障室の香山弘文室長はNHKによるインタビューの中で「法律（輸出管理法）の施行を受けて今後、具体的な運用の方針が対外的に公表されると思うので、中国の政府当局とは密接な協議をしたい」と述べ、日本企業に対し不当な働きかけがあった場合には、国が前面に立って対応するとしているが、こうした日本政府の動きを後押しすることも必要だ。

はっきりしていることは、環境の変化に適応できたものだけが生き残ることができるということだ。アメリカと中国の対立により事業リスクが大きく変わった。企業経営者の仕事とは、この事業環境の変化に適応して企業を存続させることではないのか。「アメリカが悪い」とか「中国が悪い」とか言う時間があるなら、必死にこの環境の下、官民一体で企業が生き残るには何が必要かを考えることが大切だと思う。環境の変化に対応できない日本企業は市場から退場を命じられるだろう。

日本企業に求められていることは、中国の新たな事業リスクの影響を低減させるために、したたかに経営の独立性を確保することだ。中国製造２０２５は中国企業の競争優位を強化し、日本企業の競争優位を弱める。中国企業が儲かり、日本企業が赤字になる。商売仇が強くなるような政策に手を貸す必要はない。

中国の投資環境変化と規制強化に対応するには、開発機能や製造機能を中国国外に移し、中国へのハイテク技術、機微技術、軍民両用技術の移転を止めて、日本企業が技術的優位を維持することが必要だ。このためにも中国を組み入れたサプライチェーンを組み替えることも一案だ。中国からの移転先には、東南アジアや日本が挙げられる。

脱中国依存には、日本や中国など15か国が参加する地域的な包括的経済連携（ＲＣＥＰ）を利用する方法もある。ＲＣＥＰの主な内容を見てみよう。確かに、中国は自動車部品について約87%の品目で関税を撤廃する。例えば、電気自動車用モーターの一部は、現在10〜12%と比較的高い関税がかけられているが、この関税が撤廃される。しかし、中国が電気自動車用モーターの一部の関税を撤廃するのは、16〜21年目、つまり中国製造２０２５が完成に近づく時期だ。中国企業が競争優位を得てから関税を撤廃する狙いだろう。

また、企業が海外に進出する際に、その国が企業に技術移転を求めることを禁止する規定が盛り込まれたが、今までの中国の振る舞いを見れば、その実効性は不明だ。ＲＣＥＰが始まってもしばらくの間は様子をみることが肝要だ。工場や機器の稼働状況などのデジタル情報について、国境を越えて自由に流通できるようにすることが義務づけられていることも、サイバーセキュリティ法がある中国で実際にどのように運用されるのかは不明だ。

これらの懸念される問題を解決するのが、中国から東南アジアへの製造拠点移転ではないか。東南アジアには、国防動員法、国家情報法、サイバーセキュリティ法、輸出管理法はない。東南アジアで生産した製品を中国で販売することにより、日本企業は中国で開発、生産する事業リスクを回避することができる。日本企業が競争優位を有する電子部品集積地を東南アジアに作り、インフラ建設を日本企業が受注することで脱中国依存は大きく進むだろう。

沖電気工業株式会社は、ＡＴＭとプリンターの生産拠点である中国の沖電気実業有限公司のＡＴＭなど金融機器の生産を12月に終了し、サプライチェーンを見直して、日本とベトナムの工場に移管すると発表した。株式会社明電舎は、中国でつくった半製品をアメリカに持ち込んでいた電力関連設備をアメリカでの現地生産に変更し、２０２１年2月から出荷開始する。

世界最高水準の半導体製造技術を持つ台湾との連携も重要だ。台湾は、中国が加盟したＲＣＥＰには加盟できない。そこで、台湾を孤立させないために台湾企業が日本で半導体を製造し日本製品に組み込むことで、台湾企業を仲間に入れることはできないだろうか。半導体と安全保障の問題を解決するのに有効だと思う。

さらに、国内への製造拠点回帰が進めば地方に新たな雇用が生まれ、地方経済は活気を取り戻す。産業補助金を悪用してダンピング攻勢を仕掛けてくる中国に対しては、アメリカのように恐れることなく関税をかけて適正価格に修正してやればいいのだ。

中国から撤退するための企業への補助として、アメリカは約5兆5000億円を用意している。日本政府が用意した中国から撤退するための企業への補助は約2200億円だ。

ようやく日本の企業人の中にも中国リスクを真剣に考える人々が現れ、製造拠点を国内帰還ないし東南アジアへ移転するための補助申請が現在1兆7000億円に上っているという。

補正予算が10兆円余っていると言われている状況の中、5兆円は先の防衛費GDP比2%策に回し、残り5兆円のうちの2兆円程度を脱中国依存のために使ってもいいだろう。これは国の経済安全保障に関わる問題なのだ。

脱中国依存においては、一時的に損失が出ることは間違いないだろう。しかし、中国製造2025から予想される損害及び悲劇にくらべれば、はるかに軽微に終わる。

2010年代に中国が次々と打ち出してきた政策及びその実施は、グローバリズムの危険性をいよいよ顕在化させるものだ。日本はそういう国の隣国であることから目を背けてはならない。

これからの日本の経済成長のコンセプトは、脱グローバリズムに基づく自国の経済安全保障を踏まえた上での自給自足と自由主義経済圏の構築ということになるだろう。ふわっとしたイメージや適当な宣伝スローガンなどではなく、食糧をつくる農業、モノづくりを行う製造業の重要性というものがいよいよ深刻になる。例えば食糧を輸入に頼れば、相手国の出方次第では兵糧攻めにあい、日本人が飢餓に見舞われる。国内での食糧自給を高め、オーストラリアとの連携を深めることは有効だ。

近年の経済成長は、モノの生産は海外に頼るということを前提とし、サービス業に偏重することで成り立っていた。しかし、今後は国家成長のドライバーを食糧生産及びモノづくりを中心とするものに切り替え、国は国家成長モデルの組み換えを示していかなければならない。いわゆる第一次産業と第二次産業による成長である。

食糧がなければ一万円札を持っていたところで腹を満たすことはできない。モノがなくなり、ジャガイモ一個の方が一万円札よりもはるかに価値があるといったような混乱を、日本は迎えるわけにいかない。農業の規制緩和や漁業の規制緩和をはじめとするさまざまな規制緩和を進めて国内市場を拡大させていくなど、経済安全保障を念頭に置いた産業のリソースの再配分を行っていく経済成長のあり方を、政府には要望していこうではないか。

日本には高度な産業基盤がある。そしてこの技術力、開発力、研究能力は日本の再出発に使えると同時に、中国の軍拡にも使われうる諸刃の剣だということを忘れてはならないだろう。

あとがき

２０２０年は武漢ウイルスがパンデミックを引き起こし、全世界で多くの人命が失われ、経済活動が停滞した年になった。日本でも飲食や観光、旅客運輸業などが阿鼻叫喚の巷と化した。

改革開放路線の看板を下ろした中国では、この10年で国防動員法、国家情報法、輸出管理法などが相次いで施行され、中国におけるビジネスリスクは大きく変化した。近年の中国は、武力を背景に中華思想に基づいた秩序をつくる意図を隠さなくなった。

仮に、中国が世界の覇権を握り、自らのルールを世界に強要するようになったらどうなるか。当然だが、中国の利益に反するようなルールは作らないし、中国の利益に反する既存ルールには従わない。ＲＣＥＰが締結されたが、中国が取り決めを遵守するかどうかは慎重に見極める必要がある。本書でも触れたが、彼らには契約内容を守るという観念がない。我々が弱くなれば、契約を無視して力を背景とした現状変更をするだけだ。

こうした現状に対して、アメリカは国防権限法やＦＩＲＲＭＡやＥＣＲＡを整備したが、中国も輸出管理法を制定し、対決姿勢を示した。そして日本企業は、米中両国の間で股裂きになりつつある。

日本はアメリカと中国の両方から旗幟を鮮明にすることを求められている。しかし、日本の経済界は中国の出方と態度が明らかに変わっているにもかかわらず、変化への対応が遅いと言わざるを得ない。

日本企業には環境の変化に適応し、制約だらけの中国で開発製造するリスクを避け、生産拠点を日本または東南アジアなどに移すなどしてサプライチェーンの組み替えを行い、中国市場へ製品を輸出するスタイルに変わることが求められている。

このまま中国において事業を続け、中国製造2025が実現すれば、日本企業は他の外国企業と同じく技術を吸い取られて抜け殻となり、中国から用済みとして捨てられよう。世界の市場で中国企業が日本企業を駆逐する。家電やパソコンのように、苦労して開発した技術やノウハウを教えた挙げ句、産業補助金を使う中国企業に自分の会社を買い叩かれる運命が待つだろう。

我々の子孫に豊かな社会を受け継がせることは我々の義務だと思うが、このままでは、我々の子孫は悲惨な状況の日本で暮らすことになるだろう。方向転換が必要な状況になったのだ。

M&Aの現場で、中国が手段を選ばずに軍民両用技術を自国に移転しようとする姿をこの目で何度も見てきた。こうした実情を目のあたりにして、アメリカと中国との対立経緯や中国での新たな事業リスクを整理した本が必要ではないかと考え、筆を執ることになった。一年前には想像すらしなかったことだった。

本書は私一人の力で出版できたのではない。出版までに多くの人との出会いがあり、警鐘を鳴らせと何かに背中を押される感じで書き上げた気がしてならない。とりわけ、執筆を勧めて下さった江崎道朗氏と、倉山工房の尾崎克之氏、そして育鵬社の山下徹氏の支援がなければ、本書はとても完成できなかっただろう。皆様にこの場をお借りして心から深く感謝したい。

2021年1月

株式会社アシスト　**平井宏治**

【主な参考文献】

・中華人民共和国国務院「新時代的中国国防」２０１９年７月24日、http://www.gov.cn/zhengce/2019-07/24/content_5415325.htm

・マイケル・ピルズベリー著、野中香方子訳、森本敏解説『China 2049 秘密裏に遂行される「世界覇権１００年戦略」』２０１５年、日経ＢＰ

・喬良・王湘穂著、坂井臣之助監修、劉琦訳『超限戦』角川新書、２０２０年

・宮尾恵美著「中国国防動員法の制定」（『外国の立法 ２４６』国立国会図書館、２０１０年12月所収）

・ＳＰＮ ＪＯＵＲＮＡＬ「中国サイバーセキュリティ法の概説と企業リスクについて」２０１７年９月６日

・「第10回 安全保障貿易管理説明会レポート」（『SEAJ Journal』No.159、２０１７年11月所収）

・産政総合研究機構『中国の軍民融合動向と関連組織２０１６‐２０１７』

・Harvard University Professor and Two Chinese Nationals Charged in Three Separate China Related Cases,「JUSTICE NEWS」Tuesday, January 28, 2020（『THE UNITED STATES Department of Justice』）

・Former West Virginia University professor pleads guilty to fraud that enabled him to participate in the People's Republic of China's "Thousand Talents Plan",「JUSTICE NEWS」Tuesday, March 10, 2020（『THE UNITED STATES Department of Justice』）

・Former Emory University professor and Chinese "Thousand Talents" participant convicted and sentenced for filing a false tax return,「JUSTICE NEWS」Monday, May 11, 2020（『THE UNITED STATES Department of Justice』）

・University of Arkansas Professor Indicted for Wire Fraud and Passport Fraud,「JUSTICE NEWS」Wednesday, July 29, 2020（『THE UNITED STATES Department of Justice』）

・経済産業省「平成29年度製造基盤技術実態等調査（中国製造業の実態を踏まえた我が国製造業の産業競争力調査）」（株式会社エイジアム研究所、２０１９年）

・みずほグローバルニュース「『中国製造２０２５』の戦略構想と将来展望」２０１６年５・６月、第85号

- 坂本雅子著『空洞化と属国化』新日本出版社、2017年
- 日産自動車株式会社「オートモーティブエナジーサプライ株式会社との会社分割及び子会社異動（株式譲渡）に関するお知らせ」2018年8月3日
- 日本経済新聞「日産の電池会社、中国資本で再出発　パナを猛追」2019年4月1日配信
- みずほ総合研究所「安全保障に基づく対米投資規制の強化（CFIUS改革）」2018年5月17日
- 安全保障貿易情報センター「米国FIRRMA（外国投資リスク審査現代化法）下位規則改正案（CFIUSへの事前申告義務要件の拡大・輸出管理法令とのリンク）及びCFIUSへの通知の手数料支払義務新規定の概要」2020年7月9日
- 大和総研「米国対内投資規制の一部が施行開始」2018年11月21日
- Provisions Pertaining to Certain Transactions by Foreign Persons Involving Real Estate in the United States, Federal Register Vol. 84, No.185, September 24, 2019
- 安全保障貿易情報センター「米中間の緊張に伴う諸規制の動向と留意点（全体概観）」2020年3月2日
- 安全保障貿易情報センター「中国における『信頼できないエンティティ・リスト』、『輸出禁止・輸出制限技術リスト』の施行について」2020年9月23日
- CISTEC仮訳「中華人民共和国主席令　第五十八号」2020年10月17日
- 経済産業省安全保障貿易検査官室「安全保障貿易管理について」2020年9月
- 財務省「外国為替及び外国貿易法の関連政省令・告示改正について」2020年4月24日

著者略歴

平井宏治（ひらい・こうじ）

株式会社アシスト社長、一般社団法人日本戦略研究フォーラム政策提言委員
1958年神奈川県生まれ。早稲田大学大学院ファイナンス研究科修了。1982年電機メーカー入社。外資系投資銀行、M&A仲介会社、メガバンクグループの証券会社、会計コンサルティング会社で勤務後、2016年アシスト社長。1991年からM&A（企業の合併・買収）や事業再生の助言支援を行う傍ら、メディアへの寄稿や講演会を行う。

経済安全保障リスク
米中対立が突き付けたビジネスの課題

発行日　2021年 2月10日　初版第1刷発行
　　　　2021年11月10日　　　第3刷発行

著　　者　平井宏治

発 行 者　久保田榮一

発 行 所　株式会社 育鵬社
〒105-0023 東京都港区芝浦1-1-1 浜松町ビルディング
電話03-6368-8899（編集） http://www.ikuhosha.co.jp/

株式会社 扶桑社
〒105-8070 東京都港区芝浦1-1-1 浜松町ビルディング
電話03-6368-8891（郵便室）

発　　売　株式会社 扶桑社
〒105-8070 東京都港区芝浦1-1-1 浜松町ビルディング（電話番号は同上）

印刷・製本　サンケイ総合印刷株式会社

ISBN978-4-594-08721-0

本書のご感想を育鵬社宛にお手紙、Eメールでお寄せください。
Eメールアドレス　info@ikuhosha.co.jp